Les harkis

La Découverte
9 *bis*, rue Abel-Hovelacque
75013 Paris

Remerciements. Je ne saurais trop remercier Françoise de Barros, Choukri Hmed, Sylvain Laurens et Sylvie Thémault pour leurs précieuses relectures de ce texte.

ISBN 2-7071-4774-5

Table des abréviations

AAAA	Association des anciens des Affaires algériennes
ALN	Armée de libération nationale
BIAC	Bureau d'informations, d'aides et de conseils pour les Français musulmans
CARS	Centre d'assignation à résidence surveillée
CHEAM	Centre des hautes études d'administration musulmane
DOP	Détachement opérationnel de protection
DPM	Direction de la population et des migrations
ENA	Étoile nord-africaine
FCI	Français de confession islamique
FLN	Front de libération nationale
FRCI	Français rapatriés de confession islamique
FMR	Français musulmans rapatriés
FSE	Français de souche européenne
FSIRAN	Français de souche indigène rapatriés d'Afrique du Nord
FSNA	Français de souche nord-africaine
GAD	Groupe d'autodéfense
GMPR	Groupe mobile de protection rurale
GMS	Groupe mobile de sécurité
MNA	Mouvement national algérien
OAS	Organisation armée secrète
Onasec	Office national à l'action sociale, éducative et culturelle

RONA	Rapatriés d'origine nord-africaine
SAS	Section administrative spécialisée
SAU	Sections administratives urbaines
SFIM	Service d'accueil et de reclassement des Français d'Indochine et musulmans
SFM	Service d'accueil et de reclassement des Français musulmans
SIAC	Service d'informations, d'aides et de conseils pour les Français musulmans
Sonacotra	Société nationale de construction de logements pour les travailleurs
UT	Unité territoriale

Introduction

L'histoire des harkis reste, plus de quarante ans après la fin de la guerre d'Algérie, singulièrement méconnue. Certes, longtemps passée sous silence et pudiquement réduite à des « événements », cette guerre émerge désormais peu à peu d'une sorte d'amnésie collective et fait l'objet d'une histoire en voie d'apaisement [Harbi et Stora, 2004 ; Branche, 2005]*. Concernant les harkis, cette évolution est cependant timide. Les oppositions caricaturales dans lesquelles ils restent pris — traîtres et « collabos » pour les uns, victimes et fidèles serviteurs de la France pour les autres — en témoignent de façon suffisamment régulière.

L'actualité politique et législative les a ainsi, en 2005, replacés au centre de controverses et d'enjeux d'histoire et de mémoire. Le 23 février 2005 a en effet été promulguée la loi « portant reconnaissance de la Nation et contribution nationale en faveur des Français rapatriés ». Celle-ci leur « rend solennellement hommage » (article 1) et interdit « toute injure ou diffamation commise envers une personne ou un groupe de personnes en raison de leur qualité vraie ou supposée de harki, d'ancien membre des formations supplétives ou assimilés », ainsi que « toute apologie de crimes commis contre les harkis et les membres des formations supplétives après les accords d'Évian » (article 5). Ironie

* Les références entre crochets renvoient à la bibliographie en fin d'ouvrage.

de l'histoire : alors que la plupart furent enrôlés dans l'armée française sans en avoir réellement le choix, ils se trouvent à nouveau enrôlés au service d'une cause dont les raisons profondes ne sont, quarante ans après l'indépendance de l'Algérie, pas si éloignées : les harkis sont en effet assimilés à ceux qui ont « participé à l'œuvre accomplie par la France » et au « rôle positif de la présence française outre-mer, notamment en Afrique du Nord », puisque les programmes scolaires sont désormais censés accorder « à l'histoire et aux sacrifices » de ces combattants « la place éminente à laquelle ils ont droit » (article 1 et 4).

Comment s'étonner que circulent encore tant de clichés et d'idées reçues à leur propos quand l'on constate que le champ de la recherche lui-même s'apparente à un terrain encore en friche et largement inexploré ? Aussi rares qu'inégales, ces recherches se caractérisent en outre par leur fort morcellement entre plusieurs disciplines qui ne semblent pas communiquer entre elles. La division du travail scientifique, calquée sur des découpages historiques aussi évidents que contestables, est patente : il y a un *avant*, un *pendant* et un *après* la guerre qui constituent autant de domaines séparés. Aux uns, souvent historiens, la guerre d'Algérie et les massacres dont furent victimes les harkis. Aux autres, souvent sociologues mais aussi médecins ou politistes, la période qui suit le rapatriement, ceux-là étant d'ailleurs davantage préoccupés par des problématiques relevant de la sociologie de l'immigration que de la sociologie de l'émigration, pour reprendre la pertinente distinction d'Abdelmalek Sayad qui explique que « toute étude des phénomènes migratoires qui néglige les conditions d'origine des émigrés se condamne à ne donner du phénomène migratoire qu'une vue à la fois *partielle* et *ethnocentrique* : d'une part, comme si son existence commençait au moment où il arrive en France, c'est l'*immigrant* — et lui seul — et non l'*émigré* qui est pris en considération ; d'autre part, la problématique, explicite et implicite, est toujours celle de l'adaptation à la société d'accueil » [Sayad, 1999, p. 56]. Quant à l'*avant* de la guerre, domaine privilégié des ethnologues, il semble purement et simplement oublié quand il s'agit de traiter de l'histoire des harkis. Celle-ci ne semble en effet commencer que lorsqu'ils se trouvent engagés dans les forces françaises, comme si ces personnes n'avaient pas eu de passé avant cette date. Or, en prenant cet « engagement » pour point de départ, l'analyse se focalise sur les effets de la guerre — le fameux « poids de l'histoire », concept écran s'il en est — et s'interdit dans le même temps de penser ce qui, dans les trajectoires des uns et des autres, tient à ce passé étrangement absent. Les trajectoires de ces hommes et de leurs familles sont, dès lors, interprétées de façon univoque : les mêmes événements historiques, communément vécus, auraient produit les mêmes souffrances, les mêmes difficultés et, en fin de compte, un même destin.

Cette histoire ne peut être pleinement restituée qu'en s'émancipant de ces découpages temporels et disciplinaires. Loin de commencer en 1954, elle s'inscrit dans le temps beaucoup plus long de la colonisation française en Afrique du Nord et, en particulier, en Algérie, pendant laquelle se transforment de façon profonde les structures économiques et sociales de la paysannerie algérienne, et s'effectue la genèse de représentations et de pratiques qui guideront de façon durable la gestion militaire, administrative et politique de cette population, d'un côté comme de l'autre de la Méditerranée. C'est dans ce cadre analytique que l'on peut retracer les grandes lignes de cette histoire : les conditions dans lesquelles ces troupes sont mises sur pied (chapitre I) et comment ces hommes s'y trouvent enrôlés (chapitre II), le sort qu'ils connaissent à la fin du conflit (chapitre III) puis à leur arrivée en métropole (chapitre IV) et, enfin, les logiques selon lesquelles ils ont été, depuis lors, pris en charge par les pouvoirs publics (chapitre V).

I / Les forces supplétives dans la guerre d'Algérie

Qui sont les « harkis » ? La question est faussement simple. Au sens strict, les *harkis*, membres d'une *harka*, ne forment qu'une des catégories de « supplétifs musulmans » recrutés par l'armée française pendant la guerre d'Algérie. À la différence des forces « régulières » (soldats sous contrat ou appelés), les forces « supplétives » étaient rattachées à des unités militaires sans en avoir cependant le statut. L'histoire n'a pas retenu cette définition restrictive et, aujourd'hui, le terme « harkis » désigne de façon plus large l'ensemble des « musulmans » — on disait aussi « Français de souche nord-africaine » — enrôlés dans les forces régulières et supplétives de l'armée française. La distinction est de taille : fin 1960, le premier groupe, qui compte environ 60 000 hommes, représente seulement un tiers du second. Par extension, le terme en est parfois venu à désigner l'ensemble de ceux qui durent, après l'indépendance, quitter l'Algérie et s'installer en métropole [1].

1. Pour éviter toute confusion, on écrira par la suite le terme *harki* en italiques quand il s'agit des membres des *harkas stricto sensu* et en caractères romains le terme qui désigne l'ensemble des « musulmans » intégrés dans l'armée française, quels que soient leurs statuts. On emploiera enfin l'appellation « Français musulmans rapatriés » pour désigner l'ensemble de ceux qui durent, en raison de leur position profrançaise durant la guerre, quitter l'Algérie après 1962.

Le recrutement de soldats et de supplétifs parmi la population « indigène » n'est pas une pratique nouvelle. Expérimentée de longue date dans le cadre des conquêtes coloniales, elle atteint toutefois une ampleur inégalée pendant la guerre d'Algérie. *Harkis*, *moghaznis* et autres *goumiers* constituent autant de formations distinctes créées dans le but de répondre à des besoins militaires et politiques spécifiques. Loin de constituer un ensemble homogène, les harkis connaissent, sur le terrain, des situations extrêmement différentes. Militaires ou civils rattachés à l'armée, salariés au jour ou au mois, dotés de missions civiles ou militaires, offensives ou défensives, armés ou non, etc., ces hommes sont alors rattachés aux forces françaises selon des modalités diverses, allant de la participation active aux combats dans la guerre contre le FLN (Front de libération nationale), jusqu'aux missions civiles de construction d'infrastructures ou d'aide sanitaire et sociale.

Il est donc essentiel de replacer la création de ces différentes forces supplétives dans le contexte de cette guerre et, plus largement, dans celui de la colonisation française de l'Afrique du Nord. Pourquoi recruter des supplétifs ? Quelles sont les différentes formations mises en place ? En quoi consiste leur rôle et leur action ? Démêler les logiques qui président à leur formation et qui orientent leur évolution permet de saisir que ceux que l'on désigne aujourd'hui sous le terme impropre de « harkis » n'ont pas, en réalité, partagé la même expérience de la guerre.

Une guerre « subversive »

La formation de forces supplétives, en complément des soldats musulmans de l'armée régulière, correspond à un double besoin. En premier lieu, il s'agit de faire face à une guerre qui prend immédiatement l'aspect d'une guérilla. Pas de véritable front, mais des lieux de combat dispersés et changeants, dans des régions reculées souvent mal connues des militaires français. Pas non plus de véritable corps d'armée évoluant regroupé, mais un ensemble d'unités, aux effectifs réduits, qu'il faut multiplier pour les répartir sur l'ensemble du territoire. Dans cette partie proprement militaire et offensive du conflit, les *harkis* jouent un rôle majeur. Mais les forces supplétives font aussi partie intégrante de la « guerre psychologique » dans laquelle l'armée française cherche à faire basculer la population de son côté ou, tout du moins, empêcher que celle-ci n'apporte son soutien à l'adversaire. Un quadrillage étroit du territoire visant à « reprendre en main » la population va ainsi s'opérer selon des modalités qui s'inscrivent dans une double temporalité : celle de la colonisation française de l'Algérie et du Maroc d'une part, et celle de la guerre d'Indochine d'autre part.

Face à la guérilla

Prise de court par l'insurrection qui débute le 1er novembre 1954, l'armée française ne cesse de perdre du terrain jusqu'en 1957. Alors qu'une partie importante du contingent est encore en Indochine, elle ne dispose, en Algérie, que d'effectifs limités. En juin 1954, seuls 20 000 hommes y sont véritablement opérationnels. Tous les moyens sont alors mis en œuvre pour reconstituer les forces militaires : au retour des troupes d'Indochine et au repli de celles de Tunisie et du Maroc succède le « rappel » des classes disponibles (réservistes ayant terminé leur service depuis moins de trois ans) [Jauffret, 2004], l'envoi systématique du contingent en Algérie ou encore l'allongement de la durée du service de dix-huit à vingt-quatre, vingt-sept, puis trente mois. Les effectifs se stabilisent autour de 450 000 en 1957 et 1958, puis 400 000 de 1959 à 1961 [Mathieu, 2001 ; Pervillé, 2003].

Le recours aux appelés « musulmans », soumis à la conscription depuis 1911, s'inscrit dans ce mouvement. Face au manque d'effectifs provoqué par le déficit démographique lié aux classes creuses des conscrits nés en métropole pendant la Seconde Guerre mondiale, l'armée s'engage dans une politique d'appel sous les drapeaux, en revoyant dans le même temps à la baisse ses critères de sélection pour faciliter l'incorporation des appelés « français de souche nord-africaine » (FSNA) [Chauvin, 1995]. Les supplétifs complètent ce dispositif et portent à la fin de l'année 1960 à 180 000 hommes le nombre de « musulmans » rattachés, d'une manière ou d'une autre, à l'armée française. Leur intérêt n'est pas uniquement de regonfler les troupes et de permettre la limitation du nombre d'appelés métropolitains. Paysans pour la plupart, leur connaissance parfaite du terrain rend leur présence indispensable dans cette guérilla faite de combats dispersés et d'embuscades. Enfin, une partie de ces supplétifs — 3 000 hommes environ — est constituée d'anciens de l'ALN (Armée de libération nationale) qui, faits prisonniers, « retournés » ou « ralliés », apportent à l'armée une connaissance précieuse de ses habitudes et ses stratégies [Faivre, 1995].

L'idée de former des unités supplétives est lancée dès novembre 1954 par Jean Vaujour, directeur de la Sûreté générale (Renseignements généraux) en Algérie, alors que la plupart des troupes nord-africaines de l'armée régulière sont encore en Indochine. Les premières unités mises en place en janvier 1955 sont les groupes mobiles de protection rurale (GMPR), qui prendront plus tard le nom de groupes mobiles de sécurité (GMS). Ils sont chargés d'assurer la protection des zones rurales et forestières. Les GMPR, également appelés « gardes ruraux » ou « goumiers », sont majoritairement composés de civils ou d'anciens combattants recrutés sur la base du volontariat par la police. Leur statut reste civil, mais l'organisation est militaire : troupes de cent hommes, uniforme, vie en caserne sous le commandement d'officiers. En 1962, 114 GMS totaliseront environ 3 400 hommes.

La constitution militaire des *harkas* est plus tardive, même si leur origine remonte en fait aux premières heures du conflit. Le 1er novembre 1954, dans les Aurès, un car de voyageurs est intercepté entre Biskra et Arris. La situation dégénère, des coups de feu sont tirés, l'instituteur Guy Monnerot est tué et sa femme grièvement blessée. Le lendemain, dans la ville d'Arris encerclée par les « rebelles », un ethnologue spécialiste des populations montagnardes de l'Algérie et

Jean Servier sur le pas des rebelles

Dans son livre *Dans l'Aurès sur le pas des rebelles*, publié en 1955 alors que les « événements » ne viennent que de commencer, Jean Servier, alors ancien officier préparant sa thèse d'ethnologie sur les Aurès (il tiendra plus tard une chaire de sociologie à la faculté de Montpellier), fait le récit de la façon dont il réunit le groupe d'hommes qui prendra, plus tard, le nom de « Harka de l'Aurès ».

« Il reste cinquante fusils, me dit l'administrateur. Mes instructions, en cas d'attaque, prévoient que nous devons armer les hommes valides. Le premier qui vint à nous fut l'Agha Merchi des Touabas, mais son geste avait une autre portée, car son autorité s'étendait à plusieurs villages, et les hommes de son clan vinrent le rejoindre. Brusquement, la révolte prenait un autre aspect. Ce n'était plus une guerre de libération menée par tous les musulmans contre les "chrétiens", mais une rébellion ouverte contre la loi. Du côté de l'ordre et de la paix française, il y avait des musulmans ; et de l'autre côté, dans l'ombre, quelques Français se réjouissaient déjà de ces troubles et, en secret, aidaient sans doute déjà les rebelles. Dans le crépuscule qui s'établissait en mauve et pourpre sur les montagnes, l'Agha Merchi, le capitaine Lakhal et moi assistons à l'extraordinaire défilé de visages bruns hérissés de barbes noires, de profils d'aigles rehaussés de moustaches, de burnous en haillons et de djellabas déteintes sur lesquels se détachait le ruban délavé d'une médaille militaire ou d'une croix de guerre effilochée, alourdie d'étoiles. Chaque homme se présente, reconnu par son chef de tribu. À chacun, je donne un fusil et trente cartouches. À la fin de la distribution, les cinquante fusils sont partis ; d'autres hommes attendent encore, les mains vides, et devant nous, dans un alignement impeccable, se dresse la troupe qui pendant des mois devait donner la chasse aux rebelles et prendre le nom de "Harka de l'Aurès" » [Servier, 1955, p. 24-25].

ancien officier de cavalerie, Jean Servier, joue des rivalités claniques et convainc le chef de la tribu des Touabas, l'Agha Merchi, de réunir ses hommes pour retrouver les assassins.

C'est donc dans cette région berbérophone que s'organisent les premières *harkas*, sous l'impulsion de Servier et en accord avec le général Gaston Parlange qui assure à partir du 1er mai 1955 le commandant civil et militaire des zones sous état d'urgence. Leur intégration à l'armée est postérieure. Constatant leur efficacité, le général Lorillot qui commande la 10e région militaire (Algérie) prescrit en février 1956 d'en former dans chaque quartier. En avril, Robert Lacoste, ministre résidant en Algérie, fixe les règles de création et d'organisation des *harkas*, définies comme des « formations temporaires dont la mission est de participer aux opérations de maintien de l'ordre ». Leur nombre reste longtemps limité (10 000 hommes enrôlés en septembre 1957) et ce n'est qu'à partir des grandes offensives lancées dans le cadre du plan Challe que les effectifs augmentent. N'écrit-il pas dans *Notre révolte* [Lacoste, 1968] que « l'utilisation des FSNA est d'abord un impératif moral. Nous ne pacifierons pas l'Algérie sans les Algériens. C'est ensuite une garantie d'efficacité. Le meilleur chasseur de fellaghas est le FSNA. C'est enfin une nécessité pour limiter la chute des effectifs » ? Début 1959, Challe obtient du général de Gaulle de doubler leur nombre. De 28 000, l'effectif passe à 56 000 en novembre 1959 et près de 60 000 un an plus tard [Ageron, 1995]. Les *harkis* constituent donc, pendant les années les plus dures de la guerre, la catégorie de supplétifs numériquement la plus importante, loin devant les autres formations supplétives, et loin aussi devant les appelés dont les effectifs s'élèvent, à cette date, à environ 40 000 hommes. En outre, des formations supplétives sont mises sur pied en métropole fin 1959 par les autorités qui craignent une extension de la guerre en métropole et l'émergence d'un « second front ». À la préfecture de police de Paris, alors dirigée par Maurice Papon, leur effectif s'élève un an plus tard à 850 hommes. L'usage de la violence et de la torture, que Paulette Péju dénonce dans un livre paru chez Maspero en juillet 1961 et aussitôt interdit [Péju, 1961], conduit dès mars 1961 à limiter l'utilisation de ces troupes à des opérations ponctuelles [Thénault, 2005, p. 227].

L'importance stratégique de ces troupes ne se répercute pourtant pas dans leur statut qui ne sera reconnu et défini que le 7 novembre 1961, au moment où, précisément, l'armée démobilise de façon massive l'ensemble de ses formations supplétives. Si ce statut est défini si tard, c'est que la question du désengagement et de l'avenir de ces troupes devient, à l'approche de la fin du conflit, particulièrement pressante. Mais s'il n'a non plus pas été défini plus tôt, c'est que le maintien de son caractère ambigu — statut civil, fonctions militaires — avait permis à l'armée de ne pas courir les risques politiques inhérents à une intégration plus complète dans les forces régulières : quand Robert Lacoste propose, en octobre 1957, de transformer les *harkas* en « formations algériennes de contre-guérilla » et d'introduire des grades propres aux musulmans, le général Salan s'y oppose violemment car ce projet aurait « jeté les bases d'une future armée algérienne, matérialisant ainsi le principe d'une nation algérienne » [Ageron, 1995, p. 6].

Leur statut reste donc très précaire. Tant la durée de leur contrat, au départ journalier puis limité à un mois renouvelable, que leur salaire placent en effet les *harkis* dans la situation de « supplétifs de second rang ». Payés 750 anciens francs (AF) par jour, sur lesquels peuvent être retenus les frais de nourriture et d'hébergement, leur salaire passe à 8,25 nouveaux francs à partir de 1960 dans le but d'augmenter les recrutements, mais ils restent toujours beaucoup moins rémunérés que d'autres catégories de supplétifs qui, comme les *moghaznis*, touchent de 820 AF à 1 300 AF selon le grade et bénéficient, en outre, d'un contrat de six mois renouvelable. Pas de Sécurité sociale ni d'allocations familiales, un jour et demi de congés par mois de présence, des soins gratuits en cas de blessure et une prime pour « accident de travail » en cas d'incapacité permanente : les *harkis* font alors figure de « parents pauvres » des supplétifs [Ageron, 1995]. Ce n'est qu'avec la loi du 9 décembre 1974 qu'ils se verront accorder, douze ans après leur démobilisation, le statut d'ancien combattant.

Intégrées à différentes formations (gendarmerie, parachutistes, commandos, etc.), équipées par l'armée et encadrées par un officier militaire français, les *harkas* constituent, en théorie, les seules troupes dont la vocation est explicitement offensive. Sur le terrain, elles sont en fait principalement utilisées pour tenir des postes militaires et collecter des renseignements, grâce à leur connaissance du terrain et de la population. Les *harkis* auraient, plus encore, servi de « tampons » ou de « modérateurs », protégeant la population des abus des militaires ou des exactions du FLN. Bien que l'on voit mal sur quelles données empiriques repose une telle affirmation, Mohand Hamoumou avance que « Algériens, militaires et harkis reconnaissent que un à deux pour cent tout au plus eurent un comportement condamnable envers les prisonniers FLN ou la population » [Hamoumou, 1993, p. 229]. Les recherches manquent, en fait, sur cette partie la plus sombre de la guerre d'Algérie, les plus récentes d'entre elles n'abordant pas la question des actes de violences illégales commis par des supplétifs musulmans [Branche, 2001]. Les *harkis* que l'armée employa à des opérations de torture seraient principalement des « ralliés » de l'ALN enrôlés dans les DOP (détachements opérationnels de protection) qui, devant constamment apporter la preuve de leur sincérité, auraient surenchéri dans la brutalité [Roux, 1991, p. 127].

Le nombre de *harkis* employés dans les opérations offensives reste en réalité limité. Début 1961, ils sont 7 500 à être affectés dans les commandos de chasse sur un total qui dépasse 60 000 hommes [Faivre, 1995, p. 252]. La méfiance des autorités militaires vis-à-vis de ces troupes explique ces réserves. L'armée s'entoure, en effet, de très nombreuses précautions dans leur utilisation : surveillance constante, désarmement après chaque opération et enfermement ou enchaînement des armes, fort encadrement « européen » dans les opérations les plus sensibles (les *harkis* ne représentant, par exemple, jamais plus de la moitié d'un commando), etc. [Ageron, 1995, p. 7]. De façon plus générale, c'est de l'ensemble des « musulmans » que l'armée se méfie. En novembre 1956, une brochure d'information sur la défense intérieure et la guerre psychologique, diffusée par le secrétariat d'État aux Forces armées de terre, alerte ainsi les soldats : « Méfie-toi, méfie-toi toujours, où que tu sois et quoi que tu fasses, car la perfidie est l'arme numéro un de la guérilla et les ressources de l'âme orientale dans ce domaine dépassent tout ce que tu peux imaginer. Tous les musulmans ne sont pas terroristes, certes, mais chacun peut l'être, quelles que soient ses références » [cité *in* Roux, 1991, p. 78].

Quadrillage du territoire et contrôle de la population

Le recours aux forces supplétives n'a pas pour seul objectif de contrer l'action de l'ALN : il s'agit aussi de quadriller le territoire et de contrôler la population, selon une logique qui tient à la fois de la « guerre subversive » [Pervillé, 1978] et, plus profondément, de l'histoire des conquêtes coloniales françaises où la domination des populations n'a pas été pensée comme pouvant s'exercer par la force seule. L'objectif est, au contraire, de trouver les moyens d'obtenir de la population sa propre soumission, principe qui aura été beaucoup plus appliqué au Maroc par Lyautey, avec la création du Service des affaires indigènes, qu'en Algérie où les « bureaux arabes » créés pendant la conquête ont donné lieu à des dérives (usage de la force, arbitraire, etc.) que l'on juge alors en partie responsables de la rébellion.

La population est donc l'enjeu central de cette guerre. Politique, d'abord, car il faut s'assurer de son soutien ou, tout du moins, de sa neutralité en la coupant de l'adversaire. La simple existence des forces supplétives permet en effet à l'armée de montrer que la population n'adhère pas, unanime, à la cause nationaliste et de conclure, de ce fait, à l'illégitimité de l'action du FLN. En outre, « l'affectation des supplétifs à des missions de défense locale traite l'action de l'ALN comme un problème d'insécurité, comme une menace pour les populations rurales ; sa dimension globale et sa portée politique disparaissent » [Thénault, 2005, p. 98]. L'enjeu est aussi matériel : faiblement armée et disposant de peu de moyens, l'ALN dépend directement du soutien que les populations peuvent lui apporter (ravitaillement, soins, aide financière, armes, etc.). Partant du principe que « les maquisards sont parmi la population comme des poissons dans l'eau ; vidons l'eau » [citation *in* Hamoumou et Moumen, 2004, p. 324], l'armée française lance une vaste politique de regroupement des populations et de quadrillage du territoire. Celle-ci se révèle d'autant plus nécessaire que les populations européennes qui, depuis la révolte de Sétif le 8 mai 1945, ne se sentent plus en sécurité dans les régions rurales de l'est du pays où elles étaient très minoritaires, ont massivement rejoint les villes. Les régions rurales et montagneuses s'étant, en l'espace d'une dizaine d'années, largement vidées de la présence des colons, la guerre contre le FLN implique, pour l'armée française, la création d'un nouvel encadrement des populations [Kateb, 2001, p. 257-278 ; Lefeuvre, 2004b].

C'est dans ce contexte que sont créés les groupes d'autodéfense (GAD) qui fonctionnent comme des sortes de milices constituées de bénévoles parmi lesquels on compte parfois des « Européens » et dont la mission consiste à protéger les villages des « rebelles » en donnant l'alerte en cas d'attaque. Ces volontaires ne sont pas rétribués, ils n'ont pas le statut de militaires, mais leurs armes leur sont fournies par l'armée — et ils sont comptabilisés parmi les « combattants civils des forces de l'ordre ». En réalité, le faible nombre d'armes distribuées par l'armée (seule la moitié des hommes environ en disposent) et les fréquents noyautages du FLN rendent les GAD peu efficaces d'un point de vue strictement militaire, mais l'essentiel est ailleurs : il faut « prendre en main » la population. Leur évolution en témoigne : de 141 GAD regroupant, en janvier 1957, 3 500 personnes, leur nombre s'élève, fin 1960, à plus de 2 000, regroupant 62 000 personnes, dont moins de la moitié est armée [Faivre, 1995, p. 252].

Les sections administratives spécialisées (SAS) constituent la pierre angulaire de cette politique de quadrillage du territoire et de regroupement des populations. Leur formation est directement liée à l'action des officiers des Affaires indigènes du Maroc. Envoyés d'urgence en Algérie au début du conflit pour trouver un moyen de contrer la rébellion, ils forment en avril 1955 une première équipe sous la direction du général Parlange. La création du Service des affaires algériennes en septembre de la même année officialise et détermine l'implantation d'une première trentaine de SAS. Chacune d'elle est protégée par un *maghzen* composé de vingt-cinq à trente *moghaznis*. Leur nombre croît rapidement puis, à partir de 1960, se stabilise autour de sept cents SAS, auxquelles s'ajoutent trente sections administratives urbaines

Étymologiques

Qu'il s'agisse des *harkas*, nom féminin de l'arabe proche de la racine trilitère HRK qui signifie mouvement, agitation, et qui avait déjà été utilisé pour désigner une expédition punitive à finalité fiscale ou un corps de troupe en mouvement [Ageron, 1995, p. 5], qu'il s'agisse encore des *maghzen* (l'orthographe exacte est *makhzin*), qui signifie dépôt ou bureau et dont le pluriel (*makhâzin*) a donné le mot français magasin, ou qu'il s'agisse enfin du mot *goum (qawm)* terme directement tiré de la structure sociale indigène qui signifie tribu, clan, et utilisé pour désigner une troupe, la règle a presque automatiquement consisté à donner un nom issu de l'arabe aux unités (humaines ou territoriales) composées de « musulmans », réservant le vocabulaire usuel français aux unités composées d'« Européens ». Le terme *assès* est, de ce point de vue, exemplaire : chargés de défendre des unités composées majoritairement d'*Européens* et appelées « unités territoriales » (UT) (puis « unités de réserve » après le 23 février 1960), ces supplétifs *musulmans* furent désignés par le terme issu de l'arabe *'assâs* plutôt que par sa traduction, pourtant pratique : gardien [Ageron, 1995, p. 8]. Le choix de termes issus de l'arabe plutôt que du français, malgré la panoplie pourtant large des dénominations militaires, est en réalité caractéristique d'un phénomène beaucoup plus général qui a consisté durant toute la colonisation à rappeler, par le vocabulaire, l'extranité de ces « musulmans » pourtant français ; que l'on pense, par exemple, à la *médina* pour désigner la ville arabe, au *bled*, au *douar* ou encore à la *mechta*. C'est aussi selon cette logique que les « auxiliaires musulmans » de l'administration française seront désignés par des termes « indigènes » : *caïd*, *agha*, *bachaga* ou encore *chambet* qui est une déformation de « garde champêtre ».

(SAU) organisées selon le même modèle. Environ 20 000 *moghaznis* y sont employés.

La mission des SAS est indissociablement civile et militaire. En confiant aux officiers des SAS les pouvoirs civils des administrateurs, le décret du 26 septembre 1955 met en place une structure à la fois administrative (chargée des élections, du recensement, des impôts et, plus largement, de l'interface entre la population et les différentes institutions), sociale et éducative (distribuant l'aide médicale gratuite, assurant la scolarisation, les loisirs et la formation des jeunes), économique (construction de l'habitat, des infrastructures, amélioration de l'agriculture et de l'élevage) et, bien sûr, militaire (contrôle de la population, renseignement, etc.), les tâches confiées aux *moghaznis* ne se limitant pas à cette dernière dimension [Mathias, 1998].

Qu'il s'agisse de couvrir les territoires des régions rurales ou montagneuses, de contrôler la population en la regroupant pour priver l'ALN de son soutien ou de lui fournir une aide sanitaire et sociale censée couper à la racine les ferments du nationalisme, ces différentes facettes des SAS convergent vers une même finalité : la préservation de l'Algérie française par la voie du « plan de pacification ». À côté des réformes destinées à corriger les erreurs du passé et mettre fin à la « politique du mépris » dénoncée en 1955 par Jacques Soustelle, ce plan fait une large place à l'« action psychologique » qui s'inscrit dans un double héritage : celui de l'action des officiers des Affaires indigènes qui repose sur le détournement et l'instrumentalisation des structures traditionnelles, mais aussi celui de la guerre d'Indochine pendant laquelle fut développée la théorie de la « guerre subversive » (ou « contre-révolutionnaire »). Cet héritage se manifeste avec l'arrivée aux postes de commandement militaire de la « génération des colonels » marqués par l'expérience indochinoise [Thénault, 2005, p. 94]. C'est par exemple le cas de Marcel Bigeard qui, arrivant en 1955 en Algérie après une dizaine d'années passées en Indochine, prend en 1958 la direction d'un centre de formation consacré à la « guerre subversive ». Cette théorie, selon laquelle tout individu est un ennemi en puissance, met fin à la distinction entre civils et militaires, et fait dès lors de la population l'enjeu central de la guerre. En Algérie, cette conception est placée, à partir de février 1959, au centre de la stratégie militaire du plan Challe. C'est dans ce cadre qu'est créé le 5e bureau chargé de l'« action psychologique » dont les SAS seront les principaux relais locaux.

Les SAS sont, en outre, chargées de l'administration des « camps de regroupement » créés pour rassembler les populations expulsées des zones militaires interdites. Cette politique de regroupement prend très vite une ampleur considérable. À mesure que des zones rurales et montagneuses entières sont vidées de leurs habitants, ratissées et parfois bombardées au napalm, le nombre de camps de regroupement augmente. De près de 500 au début 1958, rassemblant 400 000 personnes, leur nombre dépasse les 1 200 à l'automne 1959, regroupant plus d'un million de personnes. Malgré le plan de « dégroupement » lancé à partir de 1961 et qui ne sera, sur le terrain, pas véritablement mis en œuvre, plus de deux millions d'Algériens vivent encore dans les camps à la fin de la guerre, soit plus d'un quart de la population totale de l'Algérie et jusqu'à la moitié de la population de certains arrondissements. Plus largement, on estime à environ trois millions le nombre de personnes déplacées pendant la guerre, soit un tiers de la population totale et la moitié de la population rurale [Bourdieu et Sayad, 1964, p. 13 ; Kateb, 2001, p. 315-316].

Harkis, *moghaznis*, GMS, GAD ou UT constituent donc autant de modalités distinctes de rattachement à l'armée française, cette variété de situations expliquant que la guerre n'ait pas été vécue de façon identique par ces hommes. Cependant, si différentes que sont ces formations elles-mêmes hétérogènes, le sort voisin qu'elles connaissent à la fin de la guerre et après l'indépendance aura pour effet de lisser la diversité de ces situations historiques. Dans la gestion quotidienne des lieux de regroupement dans lesquels seront hébergés les harkis après leur rapatriement, il ne sera, par exemple, que très rarement fait mention de leur appartenance passée à telle ou telle formation.

Glissements sémantiques et raccourcis historiques

Les glissements sémantiques témoignent parfaitement de la simplification progressive de cette histoire. Plus de quarante ans après l'indépendance, l'ensemble des « musulmans » rattachés aux forces françaises sont désormais désignés par un seul et même terme devenu générique, « harki », dont l'utilisation est pourtant à tous points de vue problématique.

Les SAS et les camps de regroupement

Parmi l'ensemble des structures militaires et administratives mises en place pendant la guerre d'Algérie, les SAS et les camps de regroupement sont sans doute celles qui ont fait l'objet des plus nombreuses recherches. Élément central de la politique de regroupement et de pacification, les camps de regroupement attirent très tôt l'attention de sociologues ou de géographes [Lesne, 1962] préoccupés par les effets sociaux et économiques de ces déplacements massifs de population. Pierre Bourdieu et Abdelmalek Sayad [1964] ont ainsi mis en relief les effets destructurants de ces regroupements en montrant comment ils avaient précipité une évolution déjà ancienne liée à la crise de l'agriculture en Algérie, et qui avait progressivement coupé du travail de la terre les paysans algériens. La thèse de Michel Cornaton [1967], fruit d'une minutieuse collecte de données statistiques effectuée sur le terrain, constitue toujours une source de référence pour prendre la mesure de la variabilité des situations locales. Aux nombreux témoignages des officiers qui ont participé à la création ou au fonctionnement des SAS [Alquier, 1957 ; d'Andoque, 1977 ; Vincent, 1988] s'ajoutent depuis l'ouverture des archives militaires en juillet 1992 des travaux d'historiens explorant la diversité des situations locales et des difficultés rencontrées par les officiers, les ambiguïtés de cette politique de pacification partagée entre l'idéal de sa mission civile et les impératifs de la guerre subversive, ou encore la façon dont l'armée alla puiser dans les sciences sociales les outils de son action administrative et psychologique [Bartet, 1997 ; Mathias, 1998 ; Omouri, 2001].

Des harkis *aux harkis*

Au sein des forces supplétives, les *harkas* occupent en effet une place aussi essentielle que particulière. Leur constitution très précoce, le caractère officiellement offensif de leur mission, l'importance considérable de leur effectif, leur rôle stratégique déterminant et les controverses dont elles ont fait l'objet expliquent sans doute que le nom soit resté, effaçant la diversité des autres situations. Entre ces *harkis* et l'acception contemporaine du terme qui rassemble tous les « musulmans » — supplétifs ou non — qui ont été rapatriés, ainsi que, de façon très abusive, leur descendance, il y a donc toute une série de glissements sémantiques qui correspondent à autant de raccourcis historiques.

Le fait que ce terme soit devenu générique, parmi l'ensemble des possibles, est d'autant plus problématique que l'on a réduit cet ensemble de rôles très divers à une seule et même étiquette, celle-là même qui évoque le combat, l'offensive et l'intégration au corps militaire, celle-là même qui, surtout, a historiquement concentré toutes les connotations péjoratives. On sait combien, en Algérie, sous l'effet de la propagande nationaliste, le terme est devenu et reste encore aujourd'hui synonyme de « traître ». En France, étrangement, ce terme n'est pas devenu le synonyme de « fidélité » ou de « patriotisme ». Bien au contraire, « jusqu'à la fin des années 1960, il était courant, dans les casernes bordelaises, d'entendre des sous-officiers clamer "Qu'est-ce que c'est que cette *harka* ?" pour dénoncer la mauvaise tenue d'une chambrée ou le désordre régnant dans une compagnie d'appelés (sur la base d'une connotation raciale similaire, le mot "souk" a aujourd'hui pris la relève) » [Roux, 1992, p. 18].

Cependant, si chargée de significations contradictoires et si réductrice qu'elle soit, cette dénomination a été la seule à avoir été ensuite continûment partagée, tant par les supplétifs eux-mêmes et leurs descendants que par la population française. Parallèlement, les institutions chargées de l'administration de cette population ont multiplié les appellations réduites le plus souvent à des sigles (FSNA, FMR, FCI, FRCI, FSIRAN, RONA) qui ne passèrent jamais dans le langage courant. Peu de populations, d'ailleurs, peuvent se prévaloir d'avoir changé aussi souvent et cumulé autant de noms dans un temps aussi court.

Les « Français musulmans rapatriés »

Les publications scientifiques reprennent le plus souvent, aujourd'hui, et sans toujours s'interroger sur cette forme d'objectivisation de la « pensée d'État » [Sayad, 1999, p. 393-413], la catégorie administrative des « Français musulmans rapatriés ». Celle-ci se décline d'ailleurs avec le jeu des majuscules, des tirets et de l'ordre des mots, en plusieurs

La valse des étiquettes

Si le terme de « supplétifs » semble n'avoir jamais véritablement été employé bien au-delà de son acception strictement militaire, d'autres, en revanche, ont connu une utilisation plus large et plus durable, sans que l'on ne puisse, dans l'état actuel des recherches, dresser une cartographie précise de leurs genèses et de leurs usages. C'est le cas des deux appellations « Français de souche nord-africaine » (FSNA) et surtout de « Français musulmans » : après avoir rassemblé l'ensemble des « indigènes », elles sont après 1962 utilisées pour désigner les harkis, soit telles qu'elles, soit par l'adjonction du terme « rapatriés » qui donne « Français musulmans rapatriés » (FMR). Dans les années 1970, de nouvelles catégories voient le jour. C'est notamment le cas de « Français de confession islamique » (FCI) et sa variante « Français rapatriés de confession islamique » (FRCI). On croise plus rarement « Français de souche indigène rapatriés d'Afrique du Nord » (FSIRAN) qui reprend le terme « indigène » pourtant tombé progressivement en désuétude à partir de 1947, ou encore « Français musulmans rapatriés d'Afrique du Nord ». L'appellation « Rapatriés d'origine nord-africaine » (RONA) s'impose au cours des années 1980. Officiellement adoptée par le Service des rapatriés en 1988, elle connaît un assez grand succès avant d'être progressivement abandonnée au profit de l'appellation « Français musulmans rapatriés » au début des années 1990. C'est aussi dans les années 1980 que l'on voit apparaître l'expression « Rapatriés d'origine maghrébine » (Onasec, 1984), qui laisse entrevoir que la désignation de cette population n'est pas complètement indépendante de l'évolution plus générale du rapport aux populations originaires d'Afrique du Nord. Il est aussi frappant de constater qu'il a fallu attendre les années 1980 pour que l'on ne juge plus nécessaire de mentionner dans ces dénominations l'appartenance à la nationalité française ; signe, sans doute, qu'elle n'allait pas de soi auparavant. En outre, toutes insistent d'une manière ou d'une autre sur les « origines », que celles-ci soient géographiques, culturelles ou religieuses. Loin d'être propre aux harkis, cette ethnicisation est une constante du rapport colonial aux « indigènes » qui s'est prolongé longtemps après l'indépendance [de Barros, 2004]. Une partie de ces sigles (FCI, FNSA, RONA) ne mentionne pas, enfin, ce qui est pourtant le seul véritable critère permettant de distinguer ces « Français musulmans » des autres « Français musulmans d'Algérie » : la qualité de rapatrié.

variantes : Français Rapatriés musulmans, Français Musulmans Rapatriés, Rapatriés Français Musulmans, Français musulmans rapatriés, Français-Musulmans rapatriés, Français-musulmans rapatriés, etc. L'apparition du terme « Français musulman » date de 1947, quand la modification du statut des « indigènes » leur confère la citoyenneté française et crée la catégorie juridique des

« Français musulmans d'Algérie ». Le caractère officiel de cette dénomination ne met cependant pas fin, du jour au lendemain, aux autres termes (« indigènes », « arabes ») qui continuent d'être utilisés, au quotidien, par l'administration [Kateb, 2001]. Elle ne se généralise vraiment qu'à partir du milieu des années 1950 : « Français musulmans » réalise en effet une sorte de compromis entre la volonté de ne pas utiliser le terme « Algérien », politiquement piégé, et celle de ne pas considérer ces « indigènes » comme pleinement français. Le terme « musulman » est alors entendu de façon très large puisqu'il rassemble tous les Français d'origine nord-africaine, sans distinction religieuse ou culturelle. C'est ainsi que l'on peut comprendre l'utilisation de la catégorie apparemment absurde de « musulman chrétien » dans un arrêt de la cour d'appel d'Alger pour désigner les Français musulmans d'Algérie convertis au christianisme [Bouaziz et Mahé, 2004, p. 227].

À partir de 1962, « rapatriés » s'ajoute donc à « Français musulmans » pour désigner officiellement « l'ensemble des personnes de souche arabe ou berbère qui ont eu un comportement profrançais durant la guerre d'Algérie, en raison duquel elles ont dû quitter le pays lors de son accession à l'indépendance en optant alors pour la citoyenneté française ». L'appellation « Français musulmans » continue cependant d'être utilisée pour désigner les harkis, ainsi que celle de « musulmans français », comme dans les enquêtes de Jean Servier [1972] que sa formation en ethnologie disposait sans doute à faire passer cette dimension culturelle et religieuse avant la dimension nationale et juridique. Pourtant, à la prendre au pied de la lettre, l'appellation « Français musulmans rapatriés » paraît composée de termes dont aucun n'a véritablement de sens, ni d'un point de vue sociologique, ni d'un point de vue juridique. Français, les indigènes ne l'ont jamais véritablement été, un statut de droit local dérogeant au droit commun ayant été maintenu après 1947 [Blévis, 2001] ; la déclaration recognitive de la nationalité française que durent souscrire les rapatriés musulmans à leur arrivée en métropole prouvant encore qu'ils ne l'étaient pas jusqu'à cette date. Musulmans non plus, dès lors que le terme ne renvoie pas à une appartenance religieuse mais à une catégorie produite dans le cadre colonial pour désigner les « indigènes ». Le terme rapatrié, qui évoque un « retour au bercail » [Hamoumou, 1993, p. 42], laisse quant à lui supposer que ces hommes considéraient la France comme leur « patrie ». « Français musulmans rapatriés » s'apparente, de ce point de vue, à une sorte d'artefact administratif qui permet de rassembler un ensemble hétérogène d'individus réunis par une conjoncture historique particulière.

Conclusion

Après bien d'autres, l'étiquette « Français musulmans rapatriés » s'est imposée dans le champ scientifique et constitue, aujourd'hui, la dénomination officiellement adoptée par les différentes institutions en charge de cette population, alors même qu'elle n'est jamais passée dans le langage courant. Si cette dénomination s'est imposée, c'est d'abord parce qu'elle a une histoire (les « Français musulmans ») qui permit aux uns et aux autres de se rattacher à une situation connue. C'est ensuite parce qu'elle a moins servi, au fond, à *désigner* — la pluralité des autres catégories concurremment utilisées en témoigne — qu'à *distinguer* cette population des autres groupes auxquels elle ne pouvait pas être « assimilée » : les Algériens en premier lieu, « Français musulmans d'Algérie », les pieds-noirs ensuite, « Français de souche européenne » et, en fin de compte, les Français eux-mêmes. À cet égard, la distinction que fait le journaliste Georges Menant dans un article paru dans *Paris-Match* en février 1974 entre les « Algériens-algériens », les « Français-musulmans » et les « Français-français » ne manque pas d'ironie. Son succès tient surtout, enfin, au fait qu'elle parvient à condenser les trois grandes logiques qui ont orienté l'administration de cette population : l'intégration de principe à la nationalité française ; l'attachement au caractère « musulman » de cette population dans sa gestion administrative quotidienne ; la situation dérogatoire accordée aux rapatriés.

II / Le choix de la France ?

Pourquoi les harkis se sont-ils « engagés » du côté français pendant la guerre d'Algérie ? Ont-ils, par fidélité envers la France, « trahi » leur patrie ? Formulées crûment, ces questions sont encore, plus de quarante ans après la fin du conflit, à la source des controverses les plus tendues et des incompréhensions les plus profondes, comme si elles peinaient à s'échapper du terrain miné des enjeux politiques et mémoriels pour faire l'objet d'un débat scientifique. Selon une opposition caricaturale, la représentation des harkis oscille entre deux figures contradictoires : celle, positive, du « bon patriote », « fidèle à la France », et celle, négative, du « traître », voire du « collabo ». Là où, en revanche, ces deux figures se rejoignent, c'est dans la croyance que l'on a affaire à un engagement, et que cet engagement a un sens. Parfaitement conscients des enjeux, ils auraient sans scrupule trahi les leurs ou, au contraire, agi dans le sens du « rôle positif de la présence française outre-mer, notamment en Afrique du Nord », pour reprendre la formulation controversée de la loi du 23 février 2005, tout dépendant évidemment du point de vue.

À y regarder de plus près, on s'aperçoit que la notion d'engagement doit être maniée avec d'infinies précautions tant elle renferme l'idée d'un choix, d'une volonté et, par là même, d'une conscience claire de la situation et des enjeux. Or, peut-on parler de traîtrise s'il n'existe pas de « sentiment national » ? Que signifie la fidélité à la Nation dans une population qui est encore largement étrangère à ce concept ? Ces engagements ne correspondent-ils pas plutôt à des *enrôlements* qui ne laissent que peu de choix ? C'est dire que la question de l'engagement des harkis est indissociable de celle, beaucoup plus large, des procédés par lesquels l'armée française et le FLN ont cherché à s'assurer le ralliement des populations. Le problème ne peut, en effet, être posé au niveau individuel des motivations qui auraient poussé les uns et les autres dans tel ou tel camp. Que l'on parle d'engagement ou d'enrôlement, on a affaire dans les deux cas à un enchevêtrement de facteurs qui, s'il rend complexe l'analyse, ne la réduit pas pour autant à une accumulation de cas particuliers.

Engagements

La diversité des modalités de rattachement aux forces françaises suffirait à elle seule à montrer que les motifs de l'engagement ont pu avoir des significations autres que politiques ou idéologiques. C'est ainsi, par exemple, que certains « se lanceront dans l'aventure des SAS comme dans une mission humanitaire : assistance médicale, alphabétisation, ravitaillement des populations, constructions de villages... Les *moghaznis* protégeaient les infirmières, les instituteurs ou les soldats faisant office de pédagogues. Dans ces conditions, on comprend mieux que la plupart des *moghaznis* aient eu l'impression de s'engager dans les SAS non contre l'Algérie mais contre les violences du FLN, ou tout simplement pour avoir un travail d'autant plus appréciable qu'il s'agissait d'œuvrer pour le bien-être de la population » [Hamoumou, 1993, p. 118].

Cependant, telle qu'elle est utilisée aujourd'hui, la notion d'engagement suggère, le plus souvent, l'idée d'un choix de nature idéologique qui serait le signe d'une fidélité à la nation française, d'un patriotisme dévoué, bref, du loyalisme attendu des « musulmans » par l'administration coloniale.

Dans cette optique, les harkis seraient donc des traîtres à la cause algérienne et auraient « collaboré » avec l'occupant français. Au fond, cette représentation de ces engagements repose sur l'idée que le concept de nation avait un sens pour ces hommes : indifférents ou opposés à l'idée de nation algérienne, ils auraient délibérément choisi la nation française.

Une fidélité à la nation ?

La construction d'une conscience nationale algérienne n'est pourtant pas achevée quand la guerre éclate. Dans un pays où l'identité se définit de façon segmentaire selon une série de cercles concentriques (la famille, puis le clan, puis la tribu, etc.), l'entité nationale n'est qu'un des niveaux d'appartenance, et pas obligatoirement le plus déterminant. Ce n'est qu'en 1926 que le premier projet politique d'indépendance voit le jour avec la création de l'Étoile nord-africaine (ENA) dans le sillage du Parti communiste français. C'est donc au moins autant en opposition à la tutelle française que sur la base d'une culture ou d'une religion partagée que se construit progressivement l'entité nationale algérienne. Loin d'effacer les autres niveaux d'appartenance, « le national se superpose aux autres degrés à un rythme lent et de façon non uniforme dans l'espace, au point que, même s'il est incontestable, le processus n'est pas achevé partout en 1954 » [Thénault, 2005, p. 30]. Ce processus, en particulier, ne touche de façon équivalente ni l'ensemble des catégories sociales ni l'ensemble des régions qui composent l'Algérie [Meynier, 2002]. C'est en effet parmi les fractions les plus cultivées et les plus aisées de la population que les enjeux du conflit sont perçus sous un angle politique. Ainsi, de même que le projet indépendantiste qui, né dans l'émigration algérienne, s'était élargi à partir des années 1930 à la bourgeoisie intellectuelle algérienne, l'attachement ou la fidélité à la France ne sont le fait que d'une minorité sociologiquement très atypique.

Il s'agit d'abord de l'« élite francisée » [Hamoumou, 1993, p. 63]. Élus nationaux, officiers, hauts fonctionnaires, intellectuels de formation française, tous ont alors, de par leur éducation et leur cohabitation constante avec la population « européenne », subi une forme d'acculturation qui les a fait opter de longue date pour le mode de vie et les valeurs de la métropole, et qui, quand le conflit éclate, les fait naturellement pencher vers le camp français. C'est aussi le cas d'une partie des employés et agents « musulmans » de l'État, tout au moins des fractions les plus élevées de ces catégories. Partagés entre les deux camps, les petits fonctionnaires n'eurent en effet pas de comportement uniforme, à la différence des élus locaux et municipaux, et des « auxiliaires musulmans » de l'administration qui, tenant d'autant plus à la France que la France les tenait, choisirent plus massivement le camp français. Le cas des confréries maraboutiques peut, lui aussi, être compris dans ce cadre. Selon une logique clientéliste, l'administration coloniale avait fait profiter les chefs de ces confréries d'aides ou de subventions, en échange de leur soutien, par exemple lors des campagnes pour lever l'impôt sur leurs zones d'influence. Quant aux militaires de carrière, mobilisés en 1914 comme en 1940 ou en Indochine [Recham, 1996], ils sont confrontés au dilemme d'avoir à « choisir entre "leur peuple" et une armée française à laquelle ils avaient déjà tant donné. D'un côté, leurs frères qui se soulèvent contre des injustices dont ils ont pu, eux aussi, même dans l'armée, juger de la terrible réalité. De l'autre, la fidélité, le sens de l'honneur, une tradition parfois séculaire de servir la France de père en fils. Dans ces conditions, de quel côté se trouve la trahison ? » [Hamoumou, 1993, p. 98].

Si l'engagement dans le camp français peut s'apparenter à un choix de nature politique ou idéologique, celui-ci ne concerne donc qu'une minorité de « musulmans » qui, sans être totalement assimilée aux « Européens » et sans constituer une communauté, est alors profondément coupée du reste de la population. Ces fractions particulières des « musulmans » engagés du côté français sont ainsi marginales à plusieurs titres. D'abord, parce qu'elles restent numériquement peu nombreuses, au regard des dizaines de milliers de supplétifs enrôlés dans les forces françaises. Ensuite, parce que leurs caractéristiques socioéconomiques confèrent à leur choix une signification spécifique, qui n'est pas généralisable à l'ensemble des « musulmans » engagés du côté français. Enfin, et peut-être surtout, parce que ces fractions ne connaîtront pas du tout, après l'indépendance, le même destin que le gros des troupes : regagnant la métropole par leurs propres moyens, elles ne seront qu'exceptionnellement prises en charge par les autorités françaises et, dispersées immédiatement sur le territoire, elles s'intégreront rapidement et ne se reconnaîtront pas, bien souvent, dans l'étiquette « harkis ».

C'est donc essentiellement parmi la population rurale que sont recrutés la plupart des supplétifs et des appelés « musulmans » de l'armée française. L'idée d'un choix dicté par une fidélité à la nation française tient, en ce qui les concerne, du contresens historique et sociologique. Les notions mêmes d'État ou de nation n'avaient que peu de sens pour la plupart des habitants de ce pays agricole et morcelé, aussi inégalement touché par l'administration coloniale française que par le mouvement nationaliste. Ce n'est qu'*a posteriori* que le rattachement de ces hommes aux forces françaises sera interprété, tant en France qu'en Algérie, et conformément aux mémoires officielles, comme un choix idéologique.

Une guerre opaque

En outre, les enjeux de cette guerre restent, pour l'essentiel de la population, longtemps difficiles à discerner. D'un côté, le FLN n'est pas, tout du moins dans les premières années de la guerre, suffisamment structuré pour représenter une alternative crédible aux yeux de nombreux paysans peu sensibles à la cause nationaliste. Bien que la situation varie considérablement selon les configurations locales, le manque général d'hommes, d'armes, de structures d'accueil et de formation, ainsi que le recours régulier à la violence dans la gestion interne du mouvement ou dans les procédures d'admission [Meynier, 2002] rendent longtemps difficile le ralliement au FLN. En outre, d'une région à l'autre ou d'une période à l'autre, les passages entre les deux camps sont fréquents. Loin de choisir immédiatement le camp de la France, nombre de harkis comptaient, avant leur entrée dans les forces supplétives, parmi les sympathisants du FLN prêts à rejoindre le maquis. Lorsque, plus tard, l'issue du conflit deviendra claire, un mouvement inverse verra le jour.

Dans le camp adverse, la politique française oscille longtemps, à l'image de l'action menée par Robert Lacoste, entre réforme et répression. D'un côté, la conviction partagée par les gouvernements successifs de la IVe République que l'issue du conflit réside dans la mise en œuvre de réformes visant à réduire les discriminations dont sont victimes les « musulmans » et, dans le même temps, à former une élite favorable au maintien de l'Algérie française. De l'autre, une politique répressive qui, de plus en plus violente à mesure que le conflit se prolonge, cherche à étouffer dans l'œuf toutes les tentatives de rébellion. Au fond, les deux facettes apparemment opposées de cette politique sont donc convergentes, mais leurs effets sur les Algériens sont, en revanche, contradictoires car « si les réformes leur ouvrent des perspectives de progrès en tous genres, la répression les touche massivement, directement ou indirectement » [Thénault, 2005, p. 65]. Ces ambiguïtés entretiennent ainsi l'opacité d'un conflit dont personne ne sait véritablement, y compris en haut lieu, dans quel sens il va évoluer. C'est ainsi que l'on peut comprendre les hésitations et les retournements qui caractérisent bon nombre de ces engagements, comme d'ailleurs la pratique qui a parfois consisté à diviser les fratries dans les deux camps pour donner des gages aux uns et aux autres.

Les effets de la crise de l'agriculture

L'engagement de nombre de ces paysans dans les rangs de l'armée française s'inscrit enfin dans un contexte économique marqué par une crise profonde de l'agriculture. Celle-ci aura d'ailleurs alimenté, pendant la guerre et jusqu'à aujourd'hui, une représentation faisant des harkis des mercenaires davantage attirés par la solde qu'offrait l'armée que motivés par des convictions proprement politiques : « au témoignage même des officiers français, la majorité des supplétifs se recrutèrent parmi de pauvres gens sans travail ou sans ressources. Les salaires d'embauche étaient pour des chômeurs ou des miséreux assez intéressants. [...] Avec 25 000 AF, un *harki* pouvait faire vivre une famille et à plus forte raison un garde rural qui gagnait 69 000 AF » [Ageron, 1995, p. 12]. Constatant, non sans regret, que l'engagement de ces supplétifs dépassait rarement un loyalisme de façade, les militaires français les perçoivent alors comme des « salariés apolitiques », « plus mercenaires que combattants d'une cause » et vivant « avec une mentalité de journaliers » [Ageron, 1995, p. 12]. L'importance de ce facteur économique doit toutefois être tempéré, dans la mesure où nombreux sont alors ceux qui s'engagent bénévolement, dans l'unique but d'obtenir une arme pour défendre leurs familles ou leurs terres. D'ailleurs, « si cette pression indéniable constituée par le chômage et la famine avait été un facteur suffisant, dans certaines régions presque tous les musulmans seraient devenus supplétifs [...]. L'aspect économique des engagements est comme la partie émergente de l'iceberg : la plus visible mais la moins importante » [Hamoumou, 1993, p. 196-197].

Les liens entre crise de l'agriculture et engagements ne peuvent sans doute être analysés que dans le cadre de configurations locales ou régionales spécifiques. La colonisation ne touche pas avec la même intensité toutes les régions de l'Algérie, ni même toutes les localités à l'intérieur de chaque région, si bien que la crise de l'esprit paysan qu'elle provoque — et son corollaire, la valorisation des emplois salariés non agricoles — prend dans chacune d'elles un tour particulier [Bourdieu et Sayad, 1964].

La question de l'engagement des harkis ne peut donc être détachée de l'évolution de la paysannerie à laquelle, pour l'écrasante majorité d'entre eux, ils appartiennent. Parce qu'ils ont été transformés « à leur corps défendant en "fidèles serviteurs de la France", ou en "traîtres absolus" à la patrie

Le « déracinement »

La crise de l'agriculture algérienne s'inscrit pleinement dans l'histoire de la colonisation qui, en tendant à « transformer la propriété indivise en biens individuels, a fortement contribué à désagréger les unités sociales traditionnelles en brisant un équilibre économique dont la propriété tribale ou clanique constituait la meilleure protection, en même temps qu'elle a facilité la concentration des meilleures terres entre les mains des colons européens par le jeu des licitations et des ventes inconsidérées » [Bourdieu et Sayad, 1964, p. 16]. Sous l'effet conjugué de cette dépossession foncière, de la pression démographique et du passage de l'économie de troc à l'économie de marché, la structure de la société paysanne algérienne s'est, en quelques dizaines d'années, enfoncée dans une crise profonde : diminution de la taille des propriétés jusqu'à ce qu'elles ne suffisent plus à assurer la subsistance des familles, diminution du nombre de propriétaires terriens et augmentation corrélative du nombre d'ouvriers agricoles, abandon de nombreuses traditions agraires, baisse générale des rendements, etc. Ce processus a progressivement détaché les paysans de leurs terres, soit qu'ils continuent de les cultiver sans ne plus y croire, soit qu'ils émigrent vers les villes ou la France à la recherche d'un travail salarié, l'exil étant alors vécu comme « le terme inéluctable d'une série de renoncements et de défaites » [Bourdieu et Sayad, 1964, p. 20]. La guerre, la répression et les regroupements de population accélèrent encore cette évolution, voire la provoquent dans les régions montagneuses restées relativement à l'abri de la conquête coloniale : Petite et Grande Kabylies, Aurès,

algérienne » [Stora, 1993, p. 82], les harkis s'apparentent sans doute moins à des soldats qu'à des « paysans militarisés », expression que propose Michel Roux pour échapper à deux mythes : « La figure du harki collaborateur et traître de l'histoire nationaliste algérienne, et la figure rivale et complémentaire du harki fidèle à la France, à la mode parmi les nostalgiques de l'armée française » [Roux, 1992, p. 18]. En outre, l'armée française perçoit parfaitement, alors les bénéfices qu'elle peut tirer des effets destructurants de cette crise de l'agriculture, que les regroupements de population accentuent encore davantage. Partant du principe que, « pour briser les résistances de cette société, il n'[est] meilleure technique que d'en briser les structures » [Bourdieu et Sayad, 1964, p. 24], les regroupements opérés par l'armée française

Nemencha, Ouarsenis, etc. En compliquant et en rendant dangereux le travail des terres — « Aller travailler mes terres ? Je ne suis pas assez fou ! Je ne vais pas jouer ma tête aux dés ! » [Bourdieu et Sayad, 1964, p. 48] —, les regroupements coupèrent physiquement les paysans de leurs terres tout en leur offrant des emplois salariés non agricoles que la crise avait, de longue date, contribué à valoriser : « C'est la SAS qui a contribué à détourner les gens de la terre ; elle a donné des métiers aux gens. Il y eut d'abord l'autodéfense, c'est le premier métier : ce qui est sûr, dans ce métier, c'est qu'il empêchait de s'occuper de ses propres affaires et ne rapportait pas grand-chose. Il y eut par la suite les *harkis*, les *goumiers*, les *moghaznis*, sergent, caporal, sergent-chef, première classe, deuxième classe ; il y a eu les secrétaires et les *khodja*, sans parler du maire et de ses conseillers. Après ça, il suffit que le lieutenant apprenne qu'un tel sait faire ceci ou cela, pour qu'il le mentionne comme ayant ce métier : petit à petit tout le monde est venu à oublier qu'il y a le travail de la terre. Au recensement, j'ai entendu Mohand L. s'insurger parce qu'on l'a porté comme cultivateur, alors qu'on a trouvé un métier à tous les autres : "Vous me méprisez, les vrais cultivateurs vous leur avez trouvé un travail ; moi, parce que je ne possède pas un arpent, vous faites de moi un cultivateur. Voilà des cultivateurs ! De la terre, ils en ont jusqu'au seuil de leur porte, et pourtant l'un est chauffeur, l'autre commerçant." On lui demande son métier. La veille, il avait acheté le troupeau de Si L. qui venait se réfugier au village et il l'avait revendu aussitôt à un boucher de passage. Il est maquignon. On l'a porté comme maquignon » [Bourdieu et Sayad, 1964, p. 81-82].

s'inscrivent dans la lignée d'une conception déjà ancienne de la colonisation, formulée un siècle plus tôt par le capitaine Charles Richard dans son *Étude sur l'insurrection du Dahra* (1845-1846) : « L'essentiel est, en effet, de grouper ce peuple qui est partout et qui n'est nulle part, l'essentiel est pour nous de le rendre saisissable. Quand nous le tiendrons, nous pourrons alors faire bien des choses qui nous sont impossibles aujourd'hui et qui nous permettront peut-être de nous emparer de son esprit après nous être emparés de son corps » [cité *in* Bourdieu et Sayad, 1964, p. 15]. C'est dire combien est étroite, en réalité, la frontière entre engagement et enrôlement.

Enrôlements

Penser l'engagement des harkis dans les forces françaises en termes de choix serait singulièrement ignorer les circonstances particulières de cette guerre particulièrement brutale où, d'un côté comme de l'autre, tous les moyens sont bons pour faire basculer la population dans son camp. Aux violences exercées par le FLN (exécutions sommaires, rackets et amendes, abattage des chiens, etc.) répondent ainsi celles de l'armée française qui, de la violence physique à l'action « psychologique », dessinent un ensemble de techniques d'enrôlement.

Compromission, menaces, chantages

Menaces, chantages, violence physique : les procédés utilisés par l'armée française pour obtenir des ralliements sont variés (voir encadré ci-contre). Le livre de Saïd Ferdi, *Un enfant dans la guerre* [1981], en donne une large illustration. Mais c'est de la compromission que l'armée française use avec le plus de succès, en jouant sur la tendance du FLN à accuser de traîtrise tous ceux qui bravent ses nombreux interdits (fumer, voter, discuter avec un représentant d'une administration ou un militaire, etc.). Le procédé le plus simple consiste, ainsi « pour les officiers français, à se montrer avec des musulmans. Ces derniers, dénoncés aussitôt au FLN, étaient acculés à demander la protection de l'armée (groupe d'autodéfense) ou à s'engager comme supplétifs pour pouvoir sauver leur vie » [Hamoumou, 1993, p. 165].

La manipulation de la « mentalité musulmane »

De façon plus subtile, mais sans pour autant toujours obtenir les résultats attendus, l'armée française tente d'instrumentaliser les connaissances dont elle dispose en matière de « mentalité musulmane » pour obtenir le ralliement des populations. L'« ethnologie musulmane » occupe ainsi une place centrale dans les théories du 5e bureau chargée de

Les techniques d'enrôlement

Les nombreux témoignages recueillis ou présentés par Mohand Hamoumou dans son livre *Et ils sont devenus harkis* [1993, p. 164-169] montrent bien que, face à ces procédés visant à compromettre les villageois aux yeux du FLN, beaucoup n'ont en réalité pas d'autre possibilité que de s'engager parmi les forces supplétives. Le récit d'un député en mission est, à ce titre, exemplaire : « Au mois de novembre 1959, comme rapporteur du budget de la Marine, je suis allé voir les fusiliers marins de la frontière marocaine, secteur Nemours, et l'amiral qui me conduisait dans sa jeep me disait : "Nous allons voir énormément de villages." Et nous montions dans tous ces pics, nous descendions à la porte des villages qui étaient en état de défense. L'amiral faisait toujours monter le chef du village dans sa jeep, et tous les quatre, le chauffeur, le chef du village, l'amiral et moi, nous circulions dans le village. J'ai finalement demandé à l'amiral : "Mais enfin, pourquoi faisons-nous ainsi toujours cette ronde en jeep ?" Et il m'a dit : "J'ai reçu l'ordre d'en compromettre le plus possible !" »

Le simple fait d'être aperçu en compagnie de militaires peut ainsi constituer une menace suffisante expliquant un ralliement : « Un jour j'ai perdu une vache, j'ai cherché partout. Tout à coup j'ai vu des militaires. J'ai pensé à me sauver car j'avais peur. Mais je me suis dit que si je me sauvais ils allaient me prendre pour un fellagha et me tuer. Alors j'ai levé les bras. Ils m'ont demandé ce que je faisais, je leur ai expliqué et ils m'ont laissé. Mais quelqu'un du village nous avait vus de loin. Il est allé dire au chef local du FLN que je donnais des renseignements à l'armée. Un ami m'a prévenu qu'ils devaient venir me chercher et me tuer la nuit. Je me suis sauvé vers le poste militaire et je me suis engagé. »

Ces ralliements pouvent être obtenus en imposant à des villageois, sans les engager, la responsabilité de garder un poste militaire. Difficile, ensuite, de faire marche arrière : « Un mois après l'implantation d'un poste près du village, un lieutenant français a demandé vingt-cinq personnes aux anciens du village. [...] C'était pas pour mettre le village en autodéfense, ça c'est autre chose, c'était pour monter la garde au poste seulement lorsque les militaires sortent en opération. [...] L'armée nous avait donné des fusils, des habits militaires, mais nous n'étions pas payés ni engagés. [...] Comme au bout de deux mois on s'est aperçu que l'armée sortait tous les jours et qu'on devait monter la garde, on a râlé. [...] Alors, ils nous ont payés : 24 000 anciens francs par mois. Mais depuis, peu à peu, ils en emmenaient avec eux en opération. Alors, un jour, au bout de quelques mois, on a réclamé. On a dit : "Ça ne va plus. Au début vous aviez dit que nous devions surveiller le village en votre absence et maintenant il faut qu'on sorte en opération." L'officier nous a dit : "Écoutez, maintenant vous êtes payés, alors ce n'est plus pareil." Donc, après, nous sortions en opération. »

l'action psychologique [Omouri, 2001 ; Villatoux et Dubreil-Villatoux, 2002]. En utilisant et en manipulant ces connaissances, l'armée espère pouvoir contrôler de façon plus efficace la population et soumettre les « rebelles ».

Pendant ces années de crise et d'incertitudes, le recours à ces experts que sont les spécialistes de la « mentalité musulmane » s'impose d'autant plus que l'armée se trouve engagée dans un conflit d'un genre nouveau qui nécessite, pense-t-on alors, des solutions nouvelles. Administration coloniale et ethnologie musulmane font en fait, depuis longtemps, bon ménage. Placés dans une position de double dépendance, ethnologues et militaires ont alors besoin les uns des autres : les premiers dépendent des seconds pour mener à bien (et parfois financer) leurs recherches, les seconds des premiers pour agir efficacement en direction des « indigènes ». Il est significatif, de ce point de vue, que les populations de l'Algérie semblent n'avoir intéressé les ethnologues que lorsque celles-ci se sont trouvées impliquées dans des enjeux économiques ou politiques de grande envergure [Lacoste-Dujardin, 1997, p. 15].

Cette proximité entre l'administration militaire et l'ethnologie se réalise et se perpétue grâce à des lieux de rencontre ou de formation où les officiers suivent des enseignements d'arabe, de kabyle et de « sociologie musulmane » [Mathias, 1998]. Le Centre des hautes études d'administration musulmane (CHEAM), situé à Paris, constitue l'un de ces points de rencontre entre ces spécialistes de la « mentalité musulmane » et ces administrateurs coloniaux qui, férus d'ethnologie, placent cette connaissance qui les distingue de leurs homologues métropolitains au fondement de leur légitimité et de la légitimité de leur action [Omouri, 1997 ; Pouillon et Rivet, 2000 ; de Barros, 2004]. Ces connaissances sont ainsi continûment appliquées sur le terrain, comme par exemple lors de l'ouverture d'une SAS ou d'un camp de regroupement, qui donne l'occasion à des officiers d'action psychologique de prodiguer « au chef de SAS des conseils pratiques du même type que ceux dispensés aux ethnologues pour se faire accepter ou faciliter le contact avec les tribus : quels sont les

Trajectoires et formations des militaires français

Cette très grande interpénétration de l'administration militaire et de l'ethnologie musulmane se reflète parfaitement dans les trajectoires des dirigeants militaires en poste pendant la guerre d'Algérie. Nombre d'entre eux ont en effet passé une partie de leur carrière au Maroc où ils ont été familiarisés aux « affaires indigènes ». C'est le cas de Paul Cherrière, Henri Lorillot et Raoul Salan (commandants successifs, entre 1954 et 1958, de la 10e région militaire) ou encore de Gaston Parlange, ancien officier des Affaires indigènes nommé « commandant civil et militaire » pour les zones sous état d'urgence le 1er mai 1955, qui sera à l'origine de la généralisation militaire des *harkas*, des SAS et des camps de regroupement, et à qui Jacques Soustelle prête les qualités suivantes : « Son expérience des questions de pacification, sa profonde connaissance du milieu berbère, son autorité combinée avec une sympathique bonhomie » [cité *in* Thénault, 2005, p. 93].

Soustelle, précisément, entretient avec l'ethnologie des rapports beaucoup plus directs. Ancien résistant gaulliste, normalien, agrégé de philosophie, Soustelle est aussi un ethnologue spécialiste des Aztèques. Nommé en janvier 1955 gouverneur général de l'Algérie par Pierre Mendès-France qui souhaite le voir appliquer une politique de réformes, il s'entoure immédiatement d'ethnologues et de sociologues spécialistes de l'Algérie, comme Germaine Tillion ou Vincent Monteil qui, tous deux partisans du dialogue, démissionneront quand il optera pour la politique répressive dite de la « riposte ». C'est aussi le cas de Jean Servier, fondateur de la première *harka* et qui s'impliquera, par la suite, dans de nombreuses opérations militaires caractéristiques de la guerre « contre-révolutionnaire ».

lieux où se rendre, les personnes à contacter pour être respecté, les attitudes à éviter, les mots à proscrire, de qui accepter les cadeaux ou une invitation à déjeuner, etc. » [Omouri, 2001, p. 388-389].

L'usage constant de l'ethnologie à des fins politiques dessine ainsi les contours d'une « ethnopolitique » qui prend sa source dans un modèle fondé sur l'inégalité des races [Lacoste-Dujardin, 1997 ; Kateb, 2001]. En jouant des « spécificités » mais aussi des « rivalités ethniques » (entre les Kabyles et les Arabes, par exemple, mais aussi entre tribus, clans ou familles), l'administration coloniale française contribue à durcir ces frontières pour mieux les instrumentaliser. Les circonstances dans lesquelles est levée la première *harka* par Jean Servier fournissent, à ce titre, une illustration exemplaire. La croyance que ces rivalités sont à l'origine des ralliements constitue alors une sorte de sens commun largement partagé par les militaires en poste : « Aux yeux de nombreux officiers des services de renseignements, les conflits intertribaux expliquaient des mouvements d'ampleur comme la "dissidence des Aurès", née de l'opposition entre Nemencha qui se disaient d'origine arabe et Chawiya [Chaouïas] berbères » [Ageron, 1995, p. 13].

La polarisation du conflit, recherchée tant par l'armée française que par le FLN, s'appuie ainsi souvent sur ces rivalités familiales ou claniques exacerbées par le climat de suspicion qui règne durant toute la guerre. L'exemple du « massacre de Melouza » est, à cet égard, éclairant : dans la nuit du 28 au 29 mai 1957, plus de trois cents personnes sont égorgées pour leur soutien au Mouvement national algérien (MNA) par des maquisards kabyles du FLN. Interprété « à travers l'opposition entre Arabes et Kabyles, ce pont-aux-ânes de la sociologie spontanée pratiquée durant la période coloniale » [Bouaziz et Mahé, 2004, p. 253], cet événement doit en fait être replacé dans le cadre politique de la lutte qui a poussé le FLN a conquérir les régions dominées par le MNA, mais aussi dans celui d'une histoire microlocale dont les logiques ne sont pas nécessairement politiques. L'ALN ayant été, alors, dépassée par les événements.

L'utilisation des connaissances ethnologiques à des fins militaires ne se solde pas toujours par un « succès », comme dans le cas de l'officier Jean Marie, fasciné par l'efficacité des rituels « magiques » qu'il met en œuvre pour rallier la population de sa SAS (voir encadré ci-contre). Le meilleur exemple des apories auxquelles conduit l'application sauvage de l'« ethnologie musulmane » à une situation politique complexe et opaque réside sans aucun doute dans la méconnue opération « Oiseau bleu » lancée dans le plus grand secret par l'armée française, à l'automne 1956, dans les Iflissen (Kabylie). Se fiant aux connaissances ethnologiques dispensées par le même Jean Servier — qui leur assurant la fidélité d'un village —, les militaires français arment

Administration militaire et ethnologie sauvage

L'histoire de Jean Marie [Marie, 1959], officier français passionné d'ethnologie et qui, chargé de créer une SAS en Grande Kabylie, tente d'instrumentaliser un rituel traditionnel pour rallier les villageois à sa cause, vaut sans doute moins pour la véracité des faits rapportés que comme « le témoignage de l'emprise des lectures d'ethnologie berbère sur les administrateurs de la région et sur leur méconnaissance des transformations qui avaient affecté la société kabyle » [Bouaziz et Mahé, 2004, p. 239]. Après l'assassinat d'un notable local par des « rebelles », l'officier cherche à reprendre la main : « Si nous ne voulions pas perdre la partie, il fallait maintenir nos exigences et répondre à cet acte spectaculaire par un acte plus spectaculaire encore. [...] Nous exigeâmes des habitants du village qu'ils nous fournissent la preuve de leur bonne volonté en exécutant en notre honneur une *timezliwt*, c'est-à-dire l'égorgement rituel d'un mouton qui est à la fois une sorte de sacrifice propitiatoire et un signe de soumission aux personnes en l'honneur desquelles il est exécuté. [...] Le jour du sacrifice [...], la *djema'a* nouvellement formée [par ses soins] essaya par tous les moyens de saboter le sacrifice afin de lui enlever toute valeur en ne respectant pas les règles traditionnelles, faisant, par exemple, abattre un premier mouton d'une manière non rituelle, essayant de substituer ensuite une brebis au bélier traditionnel, tentant d'effectuer l'égorgement de l'animal avec un couteau qui n'appartenait pas au village, etc. Le sacrifice ne put d'ailleurs avoir lieu dans les règles que grâce à la présence toute fortuite de Jean Servier, ethnologue bien connu, auquel aucun détail n'échappa. Le sacrifice une fois effectué, l'attitude de la population se transforma comme sous l'effet d'une baguette magique. [...] Non seulement le village en question, mais tous les autres villages du douar procédèrent à l'élection de leur *djema'a* traditionnelle et collaborèrent sans réticence avec le chef des SAS. L'ensemble de la tribu fut ainsi doté d'assemblées locales vraiment représentatives et nous pûmes nous mettre au travail. »

un groupe d'hommes pour former un « contre-maquis » qui se retourne aussitôt contre eux [Lacoste-Dujardin, 1997]. Loin de n'être qu'une rencontre passagère, l'utilisation de l'« ethnologie musulmane » constitue une constante dans l'administration des « indigènes » pendant la colonisation. Elle ne disparaîtra pas complètement lorsque celle-ci prendra fin : les camps et hameaux dans lesquels seront reclassés nombre de harkis après leur rapatriement continueront de fonctionner selon des logiques et des pratiques très voisines [Charbit, 2005a].

La focale régionale

Les recherches — au demeurant peu nombreuses — consacrées à la question de l'engagement dans les forces supplétives et, plus largement, à celle du « ralliement » ou au contraire de l'« insoumission » des populations ont longtemps buté sur l'idée que l'on n'aurait affaire qu'à une accumulation de cas particuliers (rivalités tribales, claniques ou familiales, conduites individuelles, liens personnels, etc.) ou, tout du moins, à un enchevêtrement si complexe de facteurs que chaque situation serait, au final, totalement unique. Certes, « l'aire géographique de recrutement, d'enrôlement, de participation aux activités et opérations de l'armée française des unités supplétives musulmanes ne correspond pas à un seul département français d'Algérie, mais déborde sur toutes les régions, constituant un espace composite » [Stora, 1993, p. 81]. Mais est-il possible de dépasser ce constat en ouvrant la voie d'une analyse sociohistorique de ces « engagements » qui tienne compte tout à la fois des particularités des « aires culturelles » algériennes, des effets économiques et sociaux différenciés de la colonisation, de la prégnance très inégale des structures coloniales en matière politique, administrative, scolaire et culturelle, et de l'histoire de la guerre elle-même ?

Les militaires français ont cru longtemps, comme dans le cas de l'opération « Oiseau bleu », pouvoir manipuler d'autant plus facilement les populations qu'elles étaient, selon eux, « enclavées » et, dès lors, plus indifférentes à la cause nationaliste. En réalité, la croyance qu'il puisse exister, encore en 1954, des « isolats » ou des régions « enclavées » relève d'un mythe entretenu par le caractère très conservateur de l'« ethnologie musulmane » et largement partagé dans les milieux français d'Algérie. Or, comme le rappelle Camille Lacoste-Dujardin, « comment pouvait-on penser, en

1956, au terme de plus d'un siècle d'une colonisation de peuplement volontairement destructurante des instances sociales et politiques précoloniales, alors que les émigrés qui avaient fréquenté la France étaient de plus en plus nombreux et que l'information pénétrait dans chaque foyer grâce au transistor, comment pouvait-on penser qu'il puisse encore exister en Algérie, surtout en Kabylie, de ces sortes d'isolats ? » [Lacoste-Dujardin, 1997, p. 261]. La notion même d'enclavement est inopérante, dans la mesure où les régions les moins touchées par la colonisation et donc les plus « enclavées » sont, sous l'effet de la crise de l'agriculture puis de la guerre, les régions où l'émigration vers les villes et vers la France (où, précisément, le FLN est bien implanté) est la plus intense. Or, ce sont aussi ces régions qui voient naître les principaux foyers de la « rébellion ». C'est ainsi que « la carte des douars d'émigration ressemble à une image en négatif de celles des régions colonisées. Il s'agit avant tout de montagnes surpeuplées comme la Kabylie, appauvrie en outre par le rachat des terres séquestrées après l'insurrection de 1871, les monts du Hodna, de l'Aurès et des Nementchas vers l'est, le Dahra ou les Traras à l'ouest, ou de hauts plateaux arides. [...] Cette carte présente une ressemblance frappante avec celle des premiers maquis du FLN-ALN au printemps 1956 » [Pervillé, 2003, p. 15]. Le cas de la Grande Kabylie est, en effet, exemplaire : touchée de plein fouet par la crise de l'agriculture, appauvrie par le rachat des terres confisquées (80 % des terres séquestrées en 1871 avaient été rachetées au début du siècle) et par la forte densité de peuplement, la Grande Kabylie est une des régions qui comptent le moins de colons (1,3 % de la population en 1960) tout en étant, de façon paradoxale, très familière de la France en raison du caractère massif de l'émigration (un tiers de la population active y émigre en 1950). La politique coloniale y a eu parfois des effets contraires à ceux attendus, comme dans le cas de la réforme communale de 1945 qui, restreinte à la Grande Kabylie, a consisté à créer des communes à l'échelle des villages. Abandonnée dix ans plus tard avec la création des SAS, cette réforme entraîna chez les villageois de Kabylie, selon les rapports administratifs du CHEAM, « le sentiment d'avoir conquis une autonomie locale qui anticipait à leurs yeux ce que le mouvement national promettait », et fut parfois interprétée comme « un signe d'abandon de la France » [Bouaziz et Mahé, 2004, p. 234].

Conclusion

Si l'on refuse de réduire cette histoire à une accumulation de cas particuliers (chacun a ses raisons), si l'on veut éviter les platitudes psychologiques (ils ont cédé à la pression), les généralités ethnologiques (ces Kabyles ont toujours été des rebelles), les raccourcis historiques (ce sont des collabos) ou les facilités de la sociologie spontanée (il fallait bien manger), il est nécessaire de poser cette question de l'engagement dans une perspective sociohistorique qui, tout en s'appuyant sur des études localisées, replace cette histoire dans le cadre beaucoup plus large des effets économiques, sociaux et politiques de la colonisation.

C'est dire combien sont éloignés de la réalité historique les discours passés et actuels de nombre d'anciens officiers de l'armée française qui, de récit en récit, ont colporté le cliché des harkis « fidèles serviteurs de la France ». Prenant la plume pour rétablir une « vérité » qu'ils estimaient bafouée, ils ont cherché à réhabiliter le rôle de ces hommes avec lesquels ils avaient combattu. Si ces publications s'étendent du témoignage au véritable travail historique sur archives, comme dans le cas des travaux de Maurice Faivre, peu réussissent toutefois à s'émanciper de la tentation de distribuer les bons et les mauvais points. Ressassant les mêmes topos — la fidélité de ces soldats, leur dévouement et leurs sacrifices, l'abandon dont ils ont été les victimes, le manque de reconnaissance dont ils pâtissent, etc. —, ces écrits convergent régulièrement vers la même conclusion où se mêlent bonne volonté et rapprochements abusifs : « Il me paraît important de dire aujourd'hui aux enfants de harkis qu'il n'y avait pas d'un côté les bons et de l'autre les méchants, et que leurs parents ont alors à juste titre choisi la France, où ils vivent désormais et bénéficient de droits reconnus et de possibilités de formation et de promotion. Une ironie de l'histoire est de constater que de nombreux Algériens, bien après eux, ont fait le même choix, celui de la démocratie et de la liberté économique » [Faivre, 1990, p. 17].

III / Démobilisation, massacre et rapatriement

« Mémoire enfouie », « trou de mémoire franco-algérien », « tabou », « archéologie d'un silence », « silence des harkis », « oubliés de l'histoire », « sacrifiés de l'histoire », « généalogie d'un abandon », « abandon des harkis », « drame des harkis », « tragédie des harkis », « honneur perdu », « chronique d'une honte partagée », « France honteuse », « crime d'État ». Les titres des livres ou des articles consacrés aux harkis égrènent, dans une sorte de litanie, les différentes composantes de la face la plus sombre de cette histoire : le sort que connurent ces hommes à la fin du conflit, les circonstances dans lesquelles une partie d'entre eux fut transférée en métropole et le silence, tant individuel que collectif, qui eut tôt fait de recouvrir cet épisode longtemps ignoré de la guerre d'Algérie.

On sait en effet combien est brève la trêve qui suivit les accords d'Évian et combien sont violentes les représailles qui débutent à partir du mois de juillet 1962. Leur ampleur fait toujours l'objet de débats dont les ressorts sont souvent autant scientifiques que politiques. Démobilisés très tôt, les supplétifs menacés par les représailles du FLN ne sont rapatriés que très tard, et de façon très restrictive, après une série de blocages et de retardements qui alimentent immédiatement une polémique sur la responsabilité de la France dans l'« abandon » et, dès lors, dans ce qu'il est convenu d'appeler aujourd'hui le « massacre des harkis ».

De la démobilisation aux massacres

La démobilisation précoce des troupes tranche, certes, avec le peu d'empressement dont font preuve les pouvoirs publics pour rapatrier les supplétifs et leur famille. *A posteriori*, le licenciement massif des troupes et leur démobilisation souvent expéditive apparaissent comme la preuve que l'armée a cherché à se débarrasser sciemment de ces hommes qu'elle savait pourtant menacés, tout en récupérant, bien évidement, leurs armes. En réalité, les circonstances confuses de la fin du conflit rendent la situation beaucoup moins lisible que ce qu'un regard rétrospectif laisse croire. Les déclarations rassurantes du FLN, la période de calme qui succède à la signature des accords d'Évian, la représentation que se font alors les harkis de leur engagement du côté français : l'espoir d'un dénouement pacifique du conflit est, durant quelques semaines, encore permis.

La démobilisation précoce des troupes

La perspective de l'indépendance se dessine au cours de l'année 1961 et entraîne la démobilisation progressive des formations supplétives, en dépit des risques connus de représailles. Face à la multiplication des désertions — limitées en 1961, elles s'élèvent à 265 au troisième trimestre 1961 et à 872 au premier trimestre 1962 —, l'armée désarme progressivement ses unités en commençant par les moins sûres d'elles [Ageron, 2000, p. 4]. Les GAD, dont l'efficacité a toujours été incertaine et où les désertions et vols d'armes se multiplient, sont ainsi réduits de près des trois quarts entre juillet 1961 et mars 1962, passant de 62 000 à 17 000 personnes. L'effectif des *harkis* diminue aussi, quoique dans une proportion moindre : de près de 63 000 en janvier 1961, ils sont encore, en mars 1962, au nombre de 42 100. Seul le nombre de *moghaznis* reste à peu près constant jusqu'à la transformation, en février 1962, des SAS en centres d'aide administrative, celle-ci ne s'accompagnant d'aucune mesure particulière pour la reconversion des *moghaznis* [Faivre, 1995, p. 252 ; Roux, 1991, p. 190].

Les licenciements des supplétifs, dont les conditions sont fixées dès janvier 1961 par le ministère d'État aux Affaires algériennes, deviennent massifs à partir du mois de juillet. Dans la perspective du cessez-le-feu, il s'agit de limiter au maximum la circulation des armes. Les conditions de démobilisation des *harkis* sont fixées par décret le 20 mars 1962, le lendemain de la signature des accords d'Évian : le choix est donné aux supplétifs de s'engager dans l'armée régulière, de revenir à la vie civile en touchant une prime de licenciement et de recasement (un mois et demi de solde par année de service) ou, solution d'attente, de s'engager pour six mois, à titre civil, en « qualité d'agent contractuel des armées ». Plus de 80 % vont immédiatement choisir le retour à la vie civile. Ils sont donc peu nombreux à s'engager dans l'armée, comme ils sont peu, aussi, à opter pour la solution du rapatriement proposée à ceux qui s'estiment menacés : seuls 1 334 hommes (soit environ 7 000 personnes, familles comprises) en font alors la demande. Un mois et demi plus tard, le 10 mai 1962, un tiers d'entre eux reviennent pourtant sur leur décision et choisissent le retour à la vie civile [Ageron, 2000, p. 4].

Ces chiffres et leur évolution dans les semaines qui suivirent la signature des accords d'Évian montrent que la part de ceux qui s'estiment menacés au point de devoir quitter l'Algérie était assez faible. Les déclarations du FLN qui promettent le pardon vis-à-vis des harkis, auxquelles nombre d'entre eux ont cru, expliquent en partie ce choix massif du retour à la vie civile. Mais c'est aussi que, malgré leur lutte contre l'ALN, « leurs comportements équivoques, étroitement surveillés par la Sécurité militaire, leur détachement des troupes françaises, que ce soit par la désertion, la démission ou le licenciement, accentué à l'approche du règlement du conflit, brouillaient la perception qu'ils avaient d'eux-mêmes. Ils ne se sentaient pas — et n'avaient pas été — d'indéfectibles collaborateurs de la cause française » [Thénault, 2005, p. 256-257]. De façon significative, c'est

Le rapport du sous-préfet d'Akbou

« Du 19 mars au 27 juillet, c'est-à-dire même après l'indépendance, l'ALN fut d'une correction parfaite, rassurant les harkis et élus qu'elle convoquait, leur disant "que le passé était totalement oublié, qu'ils étaient tous frères, que la France dont ils étaient les premières victimes était seule responsable de leur action et que les promesses d'amnistie et les accords d'Évian seraient scrupuleusement respectés". [...] Les actes correspondaient de la façon la plus parfaite aux paroles. Les harkis les plus compromis cohabitaient dans les villages avec les membres de l'ALN qui parfois les invitaient à boire le thé en leur compagnie. Nos élus étaient souvent désignés par l'ALN pour faire la liaison entre elle et l'administration française et étaient placés au rang d'honneur lors de ses réunions. Il n'y eut pas une seule fausse note et même pas de sévices légers. Pendant quelques semaines, tous crurent au miracle et au respect des accords d'Évian.

Ce fut essentiellement à cause de cela que seules 70 personnes partirent en France avant le 1er juillet. Alors que, sans les promesses formelles d'amnistie des accords d'Évian et le respect de celles-ci par l'ALN, plus de la moitié de ceux qui sont aujourd'hui morts se seraient mis à l'abri en France avec leurs familles. [...]

Soudain, du 27 juillet au 15 septembre environ, la répression s'abattait sans aucune cause locale particulière. Une cinquantaine d'ex-supplétifs ou de civils furent tués par l'ALN dans les villages les plus éloignés. Mais surtout 750 personnes environ furent

dans les SAS que les demandes de rapatriement sont les plus nombreuses. Poussés par leurs officiers, nombre de *moghaznis* choisissent cette solution, au point que, malgré la différence des effectifs, le nombre de *moghaznis* et de *harkis* demandant leur rapatriement est, en juin, sensiblement égal [Ageron, 2000, p. 4].

La courte trêve des accords d'Évian

Si les demandes de rapatriement restent marginales, c'est aussi que, entre la signature des accords d'Évian le 19 mars et la mi-juillet, les représailles envers les membres des formations supplétives restent assez rares. Durant quelques semaines, les accords d'Évian semblent donc globalement respectés. Leur article 2 affirme en effet que « nul ne peut être arrêtées et groupées dans trois "centres d'interrogatoires" [...]. Dans ces centres où l'on entendait loin à la ronde les hurlements des torturés, près de la moitié des détenus furent exécutés à raison de cinq à dix chaque soir [...]. Durant cette première purge, un conseiller général [...] a été arrêté le 1er août, après avoir assuré les fonctions de maire jusqu'à cette date à la demande de l'ALN, et fut enterré vivant le 7 août, la tête dépassant et recouverte de miel, en compagnie de plusieurs autres détenus, dans le camp d'Aïn Soltan, près de Bordj Bou Arreiridj, devant ses 350 codétenus. Son agonie, le visage mangé par les abeilles et les mouches, dura cinq heures.

Pendant cette même période, un autre conseiller général, ex-membre des commissions d'élus particulièrement en vue, qui était pour sa part l'ami personnel du député FLN qui le citait comme un exemple de probité, subit les pires tortures et fut exhibé enchaîné sur un âne et livré aux enfants sur plusieurs souks de Grande Kabylie, loin de sa région car il était estimé de la population. [...] À noter que durant cette période la population n'a participé aux supplices que de quelques dizaines de harkis (promenés habillés en femme, nez, oreilles et lèvres coupées, émasculés, enterrés vivants dans la chaux ou même dans le ciment ou brûlés vifs à l'essence). Cependant, les supplices dans cette région n'atteignirent pas la cruauté de ceux d'un arrondissement voisin à quelques kilomètres de là (harkis morts, crucifiés sur des portes, nus sous le fouet en traînant des charrues, ou la musculature arrachée avec des tenailles). »

Source : M. Robert, sous-préfet de l'arrondissement d'Akbou, cité *in* Heinis [1977, p. 21-31].

inquiété, recherché, poursuivi, condamné, ni faire l'objet de décision pénale, de sanction disciplinaire ou de discrimination quelconque en raison d'actes commis en relation avec les événements politiques survenus en Algérie avant le jour du cessez-le-feu, de même avant le jour du scrutin d'autodétermination ». Durant cette période, les estimations établies par l'armée des personnes menacées restent d'ailleurs limitées : en juin, Robert Boulin, ministre des Rapatriés, estime à 4 000 le nombre de supplétifs menacés, soit 9 500 personnes en comptant leurs familles [Roux, 1991, p. 214].

S'il est aisé de reconnaître, *a posteriori*, que la vague des représailles et des massacres qui s'abattit sur les ex-supplétifs était prévisible, il reste qu'elle prit par surprise la plupart des victimes et des militaires français. Le mois de juillet 1962 marque le début de ces représailles dispersées dans toute l'Algérie. Leur ampleur et leur brutalité ont fait l'objet de nombreux témoignages que le livre d'Abd-El-Aziz Méliani s'est attaché à collecter [Méliani, 2001, p. 76-103]. Le récit le plus précis et le plus accablant émane du sous-préfet de l'arrondissement d'Akbou (département de Sétif), M. Robert, souvent reproduit depuis sa présentation *in extenso* dans la thèse d'Anne Heinis [Heinis, 1977, p. 21-31]. Commandité par Alexandre Parodi, vice-président du Conseil d'État, sous la pression de l'Association nationale des familles et amis des parachutistes coloniaux, ce rapport remis en mai 1963 a alors un caractère confidentiel, « les canaux habituels de la hiérarchie administrative ne permettant pas, à l'époque, de faire circuler librement les informations relatées » [Heinis, 1977, p. 20].

Ce rapport sera aussi à l'origine d'une controverse durable : l'estimation du nombre de victimes de ces massacres. Leur ampleur est toujours inconnue et le restera probablement tant la question du dénombrement se heurte à l'absence de sources fiables. Reste que, comme le note Guy Pervillé, « le vrai nombre des victimes est inconnu, mais l'horreur de leur mort ne lui est pas proportionnelle » [Pervillé, 1991, p. 123]. Des 10 000 morts annoncés par Jean Lacouture dans *Le Monde* en novembre 1962 (d'après l'estimation d'un officier d'état-major) ou des 25 000 victimes d'après un rapport remis en janvier 1963 au Conseil économique et social, jusqu'aux 100 000 à 150 000 morts obtenus par extrapolation à l'ensemble de l'Algérie des chiffres donnés par le sous-préfet d'Akbou pour cet arrondissement, la fourchette peut difficilement être plus grande [Ageron, 2000, p. 10-11]. Ces débats entre historiens recouvrent, bien souvent, des controverses plus politiques : de même que le gonflement de l'effectif des supplétifs a permis, durant la guerre, de contester la légitimité du FLN, l'augmentation du nombre de harkis victimes de représailles est utilisée pour accentuer la violence du FLN envers les Algériens et, par là même, montrer que ceux-ci n'ont pas été seulement victimes de la violence de l'armée française. Une évaluation précise reste quoi qu'il en soit probablement impossible, dans la mesure où « la seule méthode susceptible d'approcher peu à peu de la vérité serait de confronter systématiquement les témoignages et les documents par une série d'enquêtes monographiques, et d'additionner les résultats en s'interdisant rigoureusement toute multiplication. [...] Mais cela suppose la possibilité d'enquêter sur place, que la situation actuelle de l'Algérie est très loin de garantir » [Pervillé, 2004, p. 487-488].

Le lancement tardif des rapatriements officiels

Face aux menaces qui pèsent sur les supplétifs, de nombreux militaires décident d'organiser, dès le cessez-le-feu, le rapatriement de leurs troupes en métropole. D'abord informel, un réseau d'anciens officiers SAS se constitue dès mai 1962 en association. L'Association des anciens des Affaires algériennes (AAAA) prend alors en charge l'organisation de ces rapatriements : rassemblement des troupes en Algérie, transfert par voie maritime, accueil et installation des familles en métropole. Si l'on a qualifié ces rapatriements de « clandestins », c'est qu'ils ont immédiatement été interdits par les autorités politiques et militaires qui n'ont mis en place leurs rapatriements « officiels » que beaucoup plus tard.

L'interdiction des rapatriements clandestins

Une série de notes datées du mois de mai 1962, émanant du ministre d'État des Affaires algériennes, Louis Joxe, ainsi que du directeur du cabinet militaire du haut-commissaire de la République en Algérie, Georges Buis, interdisent formellement toutes les initiatives de rapatriement. Celles-ci, semble-t-il, ne parviennent pas à arrêter ces tentatives qui se font, dès lors, dans l'illégalité. Comme le rapporte Anne Heinis, « les commandants des navires font ces embarquements à leurs risques et périls. Pendant plusieurs mois, lorsqu'ils arrivent en vue de Marseille, la radio du port leur demande s'ils ont des supplétifs à bord. Dans l'affirmative, ils sont

« Éviter de donner la moindre publicité à ces mesures »

« Les renseignements qui me parviennent sur les rapatriements prématurés des supplétifs indiquent l'existence de véritables réseaux tissés sur l'Algérie et la métropole dont la partie algérienne a souvent pour origine un chef SAS. Je vous renvoie au fur et à mesure la documentation que je reçois à ce sujet. Vous voudrez bien faire rechercher tant dans l'armée que dans l'administration les promoteurs et les complices de ces entreprises et faire prendre les sanctions appropriées. Les supplétifs débarqués en métropole en dehors du plan général de rapatriement seront, en principe, renvoyés en Algérie où ils devront rejoindre avant qu'il soit statué sur leur destination définitive le personnel déjà regroupé selon les directives des 7 et 11 avril. Je n'ignore pas que ce renvoi peut être interprété par les propagandistes de la sédition comme un refus d'assurer l'avenir de ceux qui nous sont demeurés fidèles, il conviendra donc d'éviter de donner la moindre publicité à cette mesure ; mais ce qu'il faut surtout obtenir, c'est que le gouvernement ne soit plus amené à prendre une telle décision » (note de Louis Joxe, ministre d'État chargé des Affaires algériennes, adressée en mai 1962 à Christian Fouchet, haut-commissaire de la République en Algérie).

« Le ministre d'État chargé des Affaires algériennes a appelé l'attention du haut-commissaire sur certaines initiatives prises en Algérie pour organiser l'émigration et l'installation en métropole de familles musulmanes désireuses de quitter le territoire algérien. C'est ainsi que le 9 mai, vingt-sept familles d'ex-*moghaznis* de la région de Benisaf ont quitté Oran pour s'établir dans la région de Dijon. Or, dans la conjoncture actuelle, on ne peut laisser à une autorité quelconque l'initiative de mesures de ce genre qui ne peuvent relever que de décisions prises à l'échelon du gouvernement. Le transfert en métropole des Français-Musulmans effectivement menacés dans leur vie ou dans leurs biens s'effectuera sous la forme d'une opération préparée et planifiée. J'ai, en conséquence, l'honneur de vous demander de bien vouloir prescrire à tous les cadres placés sous vos ordres de s'abstenir de toute initiative isolée destinée à provoquer l'installation des Français-Musulmans en métropole. Il vous appartient seulement d'instruire les demandes émanant des personnels demandant à se réfugier en métropole et de me transmettre vos propositions qui seront présentées au secrétariat d'État aux Rapatriés » (note du colonel Georges Buis, directeur du cabinet militaire du haut-commissaire de la République en Algérie, adressée au colonel-inspecteur général des Affaires algériennes le 12 mai 1962).

« Le ministre d'État Louis Joxe demande au haut-commissaire [de] rappeler que toutes [les] initiatives individuelles tendant à installer [en] métropole [des] Français musulmans sont strictement interdites. En aviser urgence SAS et commandants d'unités » (télégramme de Louis Joxe au haut-commissaire de la République en Algérie, 16 mai 1962).

convoqués à l'amirauté et reçoivent huit jours de "tôle". La punition est automatique mais la connivence secrète qui lie beaucoup de membres de la marine permet aussi de respecter le règlement et de débarquer ces hommes traqués, soumis à une mort certaine s'ils étaient restés dans leur pays » [Heinis, 1977, p. 32]. Certains officiers, comme ceux de la demi-brigade de fusiliers marins (DBFM), trouvent, de façon exceptionnelle, l'appui de l'armée [Font-Piquet, 1996].

Le scandale que provoque la publication de ces notes par les journaux *Combat* et *La Nation française* à partir du 23 mai n'est peut-être pas étranger au coup d'envoi des rapatriements « officiels » lancés deux semaines plus tard. À la fin du mois de juin, soit en l'espace de trois semaines, une dizaine de milliers de personnes, familles comprises, gagnent ainsi la métropole par les dispositifs officiels mis en place par l'armée et sont accueillies dans les camps militaires, alors que le 21 juin, en Algérie, le Comité des affaires algériennes interdit toujours de secourir les personnes menacées en dehors des « cas de légitime défense ou d'attaque caractérisée » [Faivre, 2001, p. 59].

À cette date, les représailles restent encore limitées. Le lancement des rapatriements officiels résulte donc moins de la violence qui se déchaîne surtout à partir de la mi-juillet que du scandale provoqué par la publication de ces notes. D'ailleurs, malgré l'intensification des massacres au cours du mois de juillet, les rapatriements sont suspendus le 19 juillet et ne reprennent que le 19 septembre, après la phase la plus brutale des représailles, sur ordre de Georges Pompidou qui écrit dans une note à l'attention du ministre des Armées : « J'estime nécessaire d'assurer le transfert en France des anciens supplétifs qui sont actuellement en Algérie, et qui sont venus chercher refuge auprès des forces françaises, sous la menace des représailles de leurs compatriotes. Le transfert devra être effectué progressivement en fonction des priorités locales, sans constituer de regroupements trop nombreux, en particulier dans les ports d'embarquement ou à proximité de ceux-ci. Je rappelle, par ailleurs, au ministre des Rapatriés la

Un historien dans la guerre

Profondément engagé contre la guerre d'Algérie et dans le combat anticolonialiste, l'historien Pierre Vidal-Naquet dénonce dans son article « La guerre révolutionnaire et la tragédie des harkis » (*Le Monde*, 11-12 novembre 1962) les « ordres donnés pour éviter un afflux massif » des harkis en métropole et la « continuation de la vieille attitude raciste et coloniale » dont ils sont les victimes.

« En enrôlant les harkis, en en faisant un instrument de la politique de répression, le gouvernement et l'armée ont compromis, pour l'instant irrémédiablement, ces hommes aux yeux de leurs compatriotes. Responsable des tortures et des assassinats dont ils ont été coupables, il [le gouvernement] est aussi responsable des tortures et des assassinats dont ils sont victimes. Il n'a certainement aucun droit de protester, car il a ordonné ou couvert la torture et amnistié les tortionnaires, mais il était, et il est de son devoir le plus élémentaire de protéger les hommes qu'il a engagés. Or, il semble bien que ce n'est pas un hasard si les harkis sont si peu nombreux à s'être réfugiés en France : des ordres ont été donnés pour éviter un afflux massif que l'économie française est pourtant en état de supporter : en Algérie même, la protection des harkis semble laissée à l'initiative individuelle. Il y a là la continuation de la vieille attitude raciste et coloniale. Les résistants algériens ont sans doute le droit de mépriser les harkis, et de les tenir pour des traîtres : le gouvernement français ne l'a pas, et il est d'ailleurs trop évident que ces hommes, même ceux qui ont commis sur ordre des crimes, sont des victimes autant que des coupables, des victimes de l'ordre colonial. »

nécessité d'accélérer le recasement des supplétifs actuellement rassemblés dans les camps militaires de la Métropole. »

Les justifications officielles du blocage des rapatriements

Il n'est certes pas dans la logique d'une institution telle que l'armée de tolérer que des initiatives isolées soient prises sans l'aval des échelons supérieurs. Mais d'autres raisons sont alors avancées pour expliquer ces interdictions successives. Après le cessez-le-feu, l'armée française se trouve d'abord dans une situation délicate vis-à-vis des autorités algériennes : repliée dans des camps militaires situés en bord de mer, diminuée de l'essentiel de ses troupes, elle n'a alors pas les moyens et ne dispose plus de la légitimité politique de sillonner le pays pour aller recueillir tous ceux qui, isolés, risquent des représailles. Comme l'affirme le 24 août le général de Brébisson qui commande les Forces armées françaises en Algérie, « il y a lieu de ne procéder en aucun cas à des opérations de recherche dans les douars de harkis ou de leurs familles ». Ceux qui veulent gagner la métropole doivent donc rejoindre par leurs propres moyens ces bases militaires. Pour nombre d'entre eux, la tâche s'avérera impossible. Le référendum d'autodétermination le 1er juillet rend, en effet, la situation encore plus complexe. L'action de l'armée française ne peut désormais se situer que dans le cadre politique et diplomatique des négociations entre États indépendants. Alors que le nombre de réfugiés dans les camps militaires en Algérie ne cesse d'augmenter et dépasse, le 20 octobre, les 6 000 personnes, le commandant de la base de Mers El Kebir reçoit ainsi l'ordre du général de Brébisson d'interrompre le « courant de "musulmans menacés" qui alimente nos camps, à raison de vingt par jour », dans la mesure où « il est à craindre que le gouvernement algérien, dont l'autorité du pouvoir central se confirme, prenne rapidement ombrage de l'existence de nos centres largement ouverts à ses opposants ».

À ce facteur d'ordre diplomatique s'ajoutent, semble-t-il, les difficultés qu'éprouve l'armée en métropole pour reclasser les supplétifs rapatriés. Selon le général de Brébisson, « la principale difficulté qui s'oppose à ce transfert est l'impossibilité de donner du travail en France aux ex-*harkis* et *moghaznis* rassemblés dans des camps. Toutes les tentatives faites ont été extrêmement décevantes et les camps demeurent à peu près totalement occupés par ceux qui y ont été installés avant le 1er juillet. Il semble que la plupart des Algériens ainsi déplacés hors de leur pays soient inadaptables et les administrations civiles et militaires qui ont à charge d'entretenir ou d'orienter ces réfugiés s'inquiètent vivement de leurs conditions de vie cet hiver » (note du 24 août). Il vaut mieux, en somme, être menacé en Algérie que sans emploi dans le froid rigoureux de l'hiver français. Cette accumulation d'arguments aux fondements parfois douteux cache mal, en réalité, la profonde et très ancienne méfiance des autorités militaires vis-à-vis des supplétifs. Celle-ci va donner lieu, dès les premiers rapatriements, à une chasse aux « faux harkis » qui restera d'ailleurs, par la suite, une constante de la politique d'accueil des ex-supplétifs jusqu'au début des années 1970 [Charbit, 2005a]. Annonçant que le gouvernement français ne sera bientôt plus en mesure d'accueillir de supplétifs, le général de Brébisson ordonne le 24 août de « cesser de donner asile à des Algériens sauf dans des cas très exceptionnels. Dès maintenant, il importe de vérifier sévèrement l'identité des réfugiés, et d'éliminer ceux qui, n'ayant pas participé à la lutte aux côtés de l'armée ou n'étant pas connus comme personnalités politiques francophiles aujourd'hui en danger, cherchent seulement dans nos unités abri et nourriture ». La crainte de voir s'installer en France de faux harkis est d'autant plus forte que « la situation politique algérienne est suffisamment fluide pour que tout ancien supplétif puisse s'estimer plus ou moins menacé et envisage facilement l'exode vers la France » (note du 24 août) et que « la situation économique en Algérie risque d'inciter les musulmans à venir chercher dans nos centres, puis ensuite en métropole, l'alimentation et les ressources financières qui leur font particulièrement défaut » (note du 20 octobre).

Un vivier pour l'OAS ?

Les harkis restent donc pris dans des enjeux migratoires qui concernent plus généralement l'ensemble des Algériens, dont on craint un afflux massif [Spire, 2005].

Mais plus que la venue de migrants économiques déguisés en réfugiés, ce qui inquiète avant tout les autorités françaises est que les harkis constituent un vivier de recrutement pour l'OAS (Organisation armée secrète) dont on craint la reconstitution en métropole. Par un retournement singulier, la méfiance a donc changé de bord puisque les supplétifs, « autrefois suspects de connivence potentielle avec l'ALN, sont désormais soupçonnés de complicité avec l'OAS » [Roux,

1991, p. 219] : Roger Frey s'inquiète que « quatre officiers politiquement très orientés » aient incité leurs harkis à quitter l'Algérie sans qu'ils aient été menacés, le colonel Buis insiste le 12 mai sur la « nécessité absolue d'éviter [l']arrivée en métropole [d']individus et [de] groupes incontrôlés qui pourraient constituer [une] masse [de] manœuvre pour [une] organisation subversive » [Ageron, 2000, p. 9], Louis Joxe affirme le 28 juin à l'Assemblée nationale que « les officiers qui veulent ramener leurs hommes font preuve d'un condamnable instinct de propriétaire, exercé sur des personnes dont ils violent la liberté de choix afin de constituer en France des groupements subversifs » [Heinis, 1977, p. 20]. Craintes partagées par la presse : le 22 mai, *Le Figaro* titre « Comment l'OAS tente d'installer des harkis en métropole », Serge Bromberger expliquant qu'on tend à « faire entrer en métropole des éléments déracinés ayant la pratique des armes, et destinés à servir de moyens d'action à l'OAS ». Même son de cloche dans l'article de Jean Planchais le 23 dans *Le Monde*, comme le lendemain dans *Libération* qui voit dans le transfert des harkis en métropole une tentative de l'OAS « pour y importer un terrorisme fasciste ». Michel Roux souligne à juste titre que « s'ils ne peuvent prétendre à justifier la politique hyperrestrictive mise en œuvre, de tels propos ne peuvent pour autant être qualifiés d'"insinuations insoutenables", comme le fait Nicolas d'Andoque. Il n'est guère contestable que certains supplétifs ont été contactés par l'OAS qui chercha à les faire basculer dans son camp avant qu'ils ne soient désarmés » [Roux, 1991, p. 220, citant d'Andoque, 1977, p. 171]. Les résultats de ces contacts restent cependant difficiles à mesurer. À l'échelle d'un département comme le Gard dans lequel sont transférées plusieurs milliers de familles de harkis, cette crainte est bien réelle, quelle que soit la réalité des menaces. Continuant de percevoir la situation des harkis selon une grille héritée de la guerre, les forces de l'ordre peuvent de façon paradoxale craindre que les harkis constituent un vivier de recrutement pour les activistes de l'OAS et, dans le même temps, s'inquiéter que le FLN réussisse à s'infiltrer parmi les « fidèles » [Charbit, 2005a].

Pieds-noirs et harkis : deux rapatriements interdépendants

Les blocages et les obstacles au rapatriement des harkis ne peuvent, enfin, être pensés séparément de la question de l'arrivée massive des pieds-noirs en métropole, à laquelle les autorités donnent la « priorité ». L'ampleur de ces mouvements de population est, certes, sans commune mesure : alors que le nombre de « Français musulmans rapatriés » se compte en dizaines de milliers, c'est près d'un million de Français de souche européenne qui s'installent en métropole entre avril et décembre 1962. Dans cette situation d'urgence et face à cette arrivée massive des pieds-noirs dont les pouvoirs publics ont très largement sous-estimé l'ampleur, les harkis peuvent sans aucun doute apparaître, du point de vue des autorités, comme un problème secondaire. Certes encore, ces rapatriements n'ont pas été préparés selon les mêmes modalités. Au départ des harkis, improvisé dans l'urgence des représailles et des massacres, s'oppose l'exil progressif des pieds-noirs dont une partie, dès la fin des années 1950, commence à préparer son retour : « À la fin de l'année 1961, environ 160 000 Français sont déjà repliés en France. Entre janvier et fin avril, c'est encore près de 70 000 pieds-noirs qui ont définitivement rejoint la métropole. Au total, à la signature des accords d'Évian, la communauté européenne est déjà réduite d'un cinquième de ses membres » [Lefeuvre, 2004a, p. 277].

Les écarts démographiques et économiques, renforcés par l'inégale préparation de ces migrations, sont encore accentués par la gestion politique de ces deux rapatriements qui s'inscrit très directement dans la lignée des inégalités de traitement, institutionnalisées par la colonisation, entre les « Français de souche nord-africaine » et les « Français de souche européenne ». Selon une gestion typiquement coloniale de la décolonisation, la « priorité » est donc donnée à ceux des Français qui sont de « souche européenne ». En janvier 1991, dans la revue *L'Histoire*, le colonel Georges Buis justifiera les directives interdisant les rapatriements clandestins en expliquant que « ces initiatives étaient prises dans

Priorité aux « Français de souche européenne »

Inscrites dans le langage comme dans le droit [Blévis, 2001 ; Saada, 2003 ; Spire, 2003], ces inégalités de traitement entre « Français de souche européenne » et « Français de souche nord-africaine » se poursuivront bien après la décolonisation quand, en métropole, il s'agira par exemple d'attribuer des HLM aux rapatriés. Le 31 janvier 1964, François Missoffe, alors ministre des Rapatriés, fait parvenir à l'ensemble des préfets et des délégués régionaux de son ministère une note sur l'« attribution des logements HLM aux anciens harkis ».

« Des difficultés d'interprétation sont apparues concernant l'application de certaines instructions adressées par mes services et concernant le relogement des anciens harkis dans les logements HLM. Je vous rappelle que les anciens harkis sont considérés comme rapatriés et bénéficiaires, à ce titre, de la loi du 26 décembre 1961. Toutefois, en raison des avantages particuliers prévus pour le logement des anciens harkis et, notamment, du programme lancé par la Sonacotra [Société nationale de construction de logements pour les travailleurs], les conditions suivantes devront être respectées, en cas d'attribution de logements HLM réservés aux rapatriés en vertu de la réservation de 30 % instituée par l'ordonnance du 18 août 1962 ou construits au titre du programme spécial de 35 000 HLM lancé en 1962. *Vous ne devrez reloger les anciens harkis qu'après avoir relogé tous les rapatriés demandeurs de logement et particulièrement mal logés.* Par conséquent, une priorité absolue doit être donnée aux rapatriés par rapport aux anciens harkis pour l'attribution des logements HLM destinés aux rapatriés. Toutefois, si, après relogement de tous les rapatriés particulièrement mal logés, des logements HLM restent disponibles, ils pourront être attribués aux anciens harkis demandeurs de logement » [c'est Missoffe qui souligne].

un contexte de désordre inimaginable. Il faut avoir vécu ces moments dramatiques où des milliers et des milliers de Français en instance de rapatriement attendaient dans les pires conditions un avion ou un bateau. Il ne fallait pas compliquer une tâche prioritaire s'agissant d'ayants droit. [...] Cette note visait à empêcher, autant que possible, l'embouteillage des ports et des aéroports, à ralentir des mouvements inattendus et illégaux des deux côtés, qui ajoutaient au trouble général » (*L'Histoire*, n° 140, p. 121).

Le difficile dénombrement des « Français musulmans rapatriés »

Malgré la réticence des autorités, plusieurs dizaines de milliers de harkis, familles comprises, s'installent en métropole dans l'année qui suit l'indépendance. L'évaluation de leur nombre exact est délicate, voire impossible. Si l'on dispose de données assez précises pour ceux qui ont été pris en charge par l'armée, l'estimation du nombre de harkis rapatriés « clandestinement » est plus difficile, et à plus forte raison celle des rapatriés « par leurs propres moyens » — comme on les désigne alors dans les rapports administratifs — qui vont se disperser en quelques mois sur l'ensemble du territoire. Au 13 mars 1962, ils seraient au total entre 20 000 et 50 000 [Wihtol de Wenden, 1990, p. 9] ; à la fin de 1963, 50 000 à 70 000 [Hamoumou, 1993, p. 123]. Les données les plus fiables (ou toutefois les moins incertaines) émanent du recensement général de la population de 1968, le dernier à comporter une catégorie « Français musulmans », et du Bureau des naturalisations qui recense le nombre de déclarations recognitives de la nationalité française entre 1962 et 1968. La combinaison de ces deux sources — qui soulèvent chacune des difficultés méthodologiques coriaces [Roux, 1991, p. 223-231] — permet d'évaluer à environ 140 000 le nombre de Français musulmans rapatriés en 1968, dont 85 000 supplétifs (familles comprises) et 55 000 notables, fonctionnaires ou militaires de carrière.

Oscillant dans une fourchette de plus en plus large, les estimations ultérieures seront de moins en moins fiables et surtout de moins en moins justifiables, dès lors que commencera à être agrégé au nombre de supplétifs celui de leurs enfants, puis de leurs petits-enfants, désignés de façon pour le moins problématique comme des harkis (ou des « Français musulmans ») de la « deuxième » et de la « troisième génération ». Réunir les supplétifs et leur descendance dans une même catégorie repose sur l'idée qu'il existe un groupe homogène, voire une « communauté », qui partagerait une même « identité harkie ». Loin d'être anodine, cette opération d'assignation identitaire a largement contribué au

Manie et magie du comptage

Toujours présente et toujours insaisissable, la question du dénombrement hante, depuis les années 1960, toute la littérature sur les harkis. De façon parfaitement paradoxale, la plupart des recherches s'accordent sur le fait qu'il s'agit d'une estimation impossible mais ne peuvent s'empêcher de fournir des données chiffrées, toujours présentées comme les plus précises possible. La récurrence de cette question dans les recherches consacrées aux harkis est donc sans doute moins liée à un débat scientifique qui ne serait toujours pas tranché qu'à la nécessité dans laquelle celles-ci se sont trouvées de devoir répondre à une demande des pouvoirs publics, principaux commanditaires des enquêtes, pour qui ces estimations constituaient un préalable à toute mise en place de politiques publiques. C'est ainsi que, pour ne prendre qu'un exemple, le Service central des rapatriés explique en décembre 1997 qu'il « n'existe pas de recensement officiel de la population française musulmane rapatriée d'Algérie » mais qu'il est « cependant indispensable que les pouvoirs publics puissent disposer d'une telle donnée démographique ne serait-ce que pour apprécier au mieux les besoins de cette population et envisager les mesures propres à les satisfaire » (Service central des rapatriés, « Démographie : évaluation de la population FMR », Paris, p. 1).

Enjeu de politiques publiques, la question du dénombrement est aussi une question proprement politique qui s'inscrit dans la continuité directe des « batailles de chiffres » engagées dès les premières années de la guerre au sujet de l'effectif de supplétifs, et qui se poursuivront ensuite à propos du nombre des « musulmans profrançais », des « musulmans menacés » ou encore des victimes des massacres. Tiré vers le bas quand il s'agit de présenter une estimation « raisonnable » et vers le haut quand, au contraire, il s'agit de « compter » en comptant, le nombre est un enjeu de pouvoir, de mobilisations collectives, de négociation face aux pouvoirs publics et aux partis politiques. Selon Mohand Hamoumou, « les gouvernements en place, de droite comme de gauche (1981-1986, 1988-1992), et les partis politiques ont intérêt à minimiser cette population afin d'éviter que, consciente de son poids électoral, elle ne devienne exigeante. D'où aussi leurs tentatives de la repérer en la recensant. À l'inverse, les Français musulmans, par l'intermédiaire de leurs associations, tendent à exagérer leur nombre dans l'espoir de devenir une force politique ou de constituer un lobby influent » [Hamoumou, 1993, p. 125].

glissement progressif de l'acception du terme « harki » qui, en l'espace d'une trentaine d'années, en est venu à désigner non plus la situation particulière de certains individus dans le contexte d'une guerre, mais bien une identité transmissible de génération en génération. « Peut-être aussi faut-il cesser de “s'amuser” à les compter ? » conclut avec lucidité Catherine Wihtol de Wenden [1990, p. 12].

Un traumatisme durable

La violence des représailles dont ont été victimes les supplétifs et leurs familles a plongé cette histoire dans un double silence, individuel et collectif. Lié au traumatisme de la guerre et de l'exil, le « silence des harkis » s'est en effet doublé d'un silence collectif sur cet épisode qui, tant en France qu'en Algérie, compliquait singulièrement la construction d'une mémoire officielle.

Le « silence des harkis »

Un premier silence s'est s'installé à l'intérieur même des familles, le traumatisme de la guerre, renforcé par celui du déracinement, engendrant souffrances qui se sont souvent manifestées par des troubles d'ordre psychologique. Il est tout à fait significatif que les premières études consacrées aux harkis aient émané de médecins psychiatres qui s'intéressèrent très tôt aux pathologies dont souffraient les harkis, donnant lieu à une dizaine de thèses de médecine depuis 1967 (Pétonnet, 1967 ; Pouvreau, 1971 ; Cirba, 1973 ; Etchegaray, 1973 ; Berthelier, 1976 ; Juan Mazel, 1976 ; Planel, 1984 ; Martinez, 1984 ; Gensane, 1985). C'est à partir de la fin des années 1960 que ce problème est identifié en tant que tel par les pouvoirs publics. Dans un camp comme celui de Saint-Maurice-l'Ardoise, dans le Gard, où vivent à cette période environ 800 personnes, le pourcentage de malades mentaux est trois fois supérieur à la moyenne nationale [Charbit, 2005a]. La fréquence de ces troubles psychologiques (violences, éthylisme, suicide, etc.) pousse d'ailleurs les médecins psychiatres à identifier des pathologies propres aux ex-supplétifs, comme par exemple le « syndrome d'inadaptation des anciens harkis ».

Certes, ces troubles n'affectent pas l'ensemble des « Français musulmans rapatriés » et ne touchent prioritairement que les fractions les plus marginalisées de cette population, qui accumulent les difficultés sanitaires, sociales et économiques. Reste que le traumatisme de la guerre, sans nécessairement se manifester de cette manière, s'est souvent traduit, et pas seulement chez les harkis, par l'installation d'un profond silence sur cette histoire et par l'absence de communication entre les pères et leurs enfants. Au-delà de l'horreur de la guerre et des massacres, ce « silence des harkis » trouve peut-être sa source dans des facteurs d'ordre socioculturel ou religieux. Selon Laurent Muller, « dans leur conception dichotomique du monde et des choses, entre licite et illicite (*halâl* et *harâm*), certains pensent avoir franchi, dans le domaine de l'illicite, un point de non-retour, sans rédemption possible. [...] Le silence est, alors, sans doute, l'expression ultime et la plus éloquente, pourrait-on dire, des diverses formes de domination qui ont ponctué leur existence » [Muller, 1999, p. 415]. Le silence des pères tient sans doute aussi à l'origine sociale de ces hommes essentiellement issus de catégories populaires : leur conception de l'autorité paternelle qui fait du maintien d'une distance entre parents et enfants le moyen de susciter le respect, ainsi que leur représentation de la masculinité les empêcherait d'exprimer leurs sentiments à leurs enfants [Muller, 1999, p. 412]. Le silence, dans cette mesure, résulterait moins d'une démarche d'autocensure liée à un sentiment de culpabilité que de caractéristiques socioculturelles aussi partagées par ceux qui ont combattu pour le FLN et qui, de façon similaire, préfèrent enterrer ce passé douloureux [Roux, 1990, p. 25].

Reste que la culture comme la religion ne constituent en aucun cas un cadre également contraignant pour l'ensemble de cette population. L'incorporation de ces règles de conduite et de ces interdits ne se réalise que dans certaines conditions et selon certaines modalités, déterminées tout à la fois par les positions qu'occupaient ces hommes avant leur entrée dans les forces françaises, par leurs expériences particulières de la guerre et par leurs trajectoires, une fois arrivés en métropole. Quelles que soient les raisons de ce silence, peu de supplétifs auront en tout cas transmis cette histoire, ce dont témoignent tant les enquêtes menées auprès des enfants des supplétifs [Muller, 1999 ; Abrial, 2001] que les récits publiés par ces derniers qui, au-delà de la dénonciation, cherchent à renouer avec une histoire dont ils ont été, paradoxalement, les premiers coupés [Azni, 2002 ; Besnaci-Lancou, 2003 ; Kerchouche, 2003].

Une histoire occultée

À ce « silence des harkis » s'est superposé un silence sur l'histoire des harkis, qui s'inscrit plus généralement dans le tabou dont a longtemps fait l'objet la guerre d'Algérie. L'histoire des harkis a en effet posé autant de problèmes à l'historiographie officielle algérienne qu'à l'historiographie française, pour des raisons toutefois différentes. Dans l'Algérie indépendante, l'ampleur de l'engagement de la population « indigène » du côté français contredit alors très directement le mythe révolutionnaire d'une résistance généralisée du peuple algérien, se soulevant « comme un seul homme » contre le colonisateur. Côté français, le massacre des harkis embarrasse aussi la quasi-totalité des groupements politiques. À droite, cette facette du dénouement du conflit fragilise singulièrement le mythe gaulliste du « sauveur », réussissant à sortir la France indemne de la guerre civile [Gaïti, 1998]. À gauche, l'identification des harkis à des traîtres à la cause anticolonialiste, voire à des « collabos », rendra pour longtemps délicate toute action de reconnaissance matérielle ou symbolique. De fait, seule l'extrême droite et les partisans de l'Algérie française ont pris de façon régulière le soutien des harkis [Abrial, 2001, p. 50-51].

La censure plus ou moins directe qui pèse sur la presse dans les mois et les années qui suivent l'indépendance ajoute encore à ce silence collectif, de même que la place souvent étroite, parfois nulle, accordée à cette histoire dans les manuels scolaires, d'un côté comme de l'autre de la

Méditerranée [Manceron et Remaoun, 1993]. Le champ de la recherche est resté, lui aussi, longtemps en friche. Encore aujourd'hui, on ne peut que constater le faible nombre de travaux de recherches. Répétitives, très inégales, publiées dans des revues ou des collections dont la diffusion reste confidentielle, ces recherches émanent pour l'essentiel de chercheurs directement ou indirectement concernés par cette histoire. Ce terrain n'est, en somme, pas encore complètement passé de la mémoire à l'histoire.

Conclusion

La question de la responsabilité des autorités politiques et militaires françaises dans l'« abandon » — et donc indirectement dans le massacre — des harkis fait encore, plus de quarante ans après l'indépendance, l'objet de polémiques. Certes, les principaux faits sont connus et l'ouverture progressive des archives militaires a permis de faire, en partie du moins, la lumière sur de nombreuses questions. De fait, c'est au détour de détails que se rejouent des enjeux que l'on aurait tort de croire enterrés. On assiste ainsi à des batailles entre historiens où, à coup de citations d'archives, il s'agit de présenter l'action des autorités militaires françaises comme planifiée et cohérente, accentuant ainsi leur « responsabilité » ou, au contraire, comme traversée de contradictions dont le règlement somme toute rapide permettrait de les dédouaner de toute « responsabilité ». La controverse entre Mohand Hamoumou [1993] et Charles-Robert Ageron [1994] en fournit une parfaite illustration. Même opposition quand il s'agit de décrire le comportement des officiers vis-à-vis de leurs harkis à l'arrivée du cessez-le-feu : les ont-ils encouragés à s'engager dans l'armée et ainsi à regagner la métropole et à échapper aux représailles [Ageron, 2000, p. 4], ou bien les ont-ils incités à revenir à la vie civile en toute conscience des menaces qui pesaient sur eux [Roux, 1991, p. 187] ?

Cette question n'agite pas que le monde de la recherche : elle suscite aussi toujours des controverses proprement politiques, les unes n'étant souvent pas étrangères aux autres. C'est ainsi que fut rejetée le 22 septembre 2004 à l'Assemblée nationale une proposition de résolution tendant à la « création d'une commission d'enquête sur les responsabilités dans le massacre de nombreuses victimes civiles, rapatriées et harkis après la date officielle du cessez-le-feu de la guerre en Algérie » (n° 1637). Fort opportunément, on estima alors que « l'encouragement du travail historique doit être préféré à la création d'une commission d'enquête, moyen en l'espèce particulièrement inadéquat » et que « le travail de mémoire nécessaire correspond par définition à la tâche des historiens, non à celle de l'État ». Quelques mois plus tard, la loi du 23 février 2005 ne laissera pas tant de marges aux historiens, en affirmant dans son article 4 que « les programmes de recherche universitaire accordent à l'histoire de la présence française outre-mer, notamment en Afrique du Nord, la place qu'elle mérite. Les programmes scolaires reconnaissent en particulier le rôle positif de la présence française outre-mer, notamment en Afrique du Nord, et accordent à l'histoire et aux sacrifices des combattants de l'armée française issus de ces territoires la place éminente à laquelle ils ont droit ».

IV / Un second abandon ?

À leur arrivée en métropole, les ex-supplétifs rapatriés par les dispositifs officiels sont hébergés dans des camps militaires. La plupart n'y résident que quelques jours ou quelques semaines avant d'être « recasés », selon l'expression de l'époque, dans différents secteurs d'emploi. Ces recasements, pour une large part d'entre eux, s'effectuent de façon regroupée dans des camps, des hameaux de forestage ou des cités urbaines. Chacun de ces lieux répond alors à des besoins assez distincts : assurer dans le cas des camps une prise en charge sanitaire et sociale des plus démunis, recaser dans le cas des hameaux des chefs de famille dans un environnement rural en les employant à des travaux de forestage, permettre à d'autres, plus souvent célibataires, d'occuper des emplois dans le secteur industriel, dans le cas des cités urbaines construites par la Sonacotra.

La situation de ces populations regroupées a été décrite, à de nombreuses reprises, comme un « deuxième abandon » succédant à celui dont ils avaient été victimes en Algérie. Regroupés dans des « lieux de relégation » ou encore dans des « réserves d'Indiens » ayant servi à les « mettre en quarantaine » [Abi-Samra et Finas, 1987], les harkis auraient fait l'objet d'une « politique d'enfermement » [Méliani, 2001], voire d'un « plan d'extermination » [Azni, 2002]. Rarement étayées par des matériaux empiriques, ces analyses posent de la mauvaise manière une question pourtant centrale.

Il ne fait aucun doute que cette politique de regroupement dans des lieux isolés et fonctionnant le plus souvent en vase clos fut un échec. Elle conduisit, dans nombre d'entre eux, à une série de crises dont les plus graves, au milieu des années 1970, entraînèrent la fermeture des camps. Elle est aussi à l'origine de l'expression « génération sacrifiée » souvent utilisée pour décrire la situation des enfants qui, nés pendant la guerre ou peu après le rapatriement, ont grandi « entre harkis » dans ces camps largement coupés du monde extérieur. Constater rétrospectivement ces erreurs ne permet cependant pas de comprendre pour quelles raisons cette politique de regroupement a été mise en œuvre. Celle-ci, loin de répondre à un plan dressé à l'avance dans le but d'étouffer une histoire par trop dérangeante, ne peut être comprise que dans le cadre du règlement de la guerre en métropole et, de façon plus profonde, dans celui de la colonisation.

L'accueil et le reclassement des harkis

Différentes trajectoires se dessinent dès les premiers rapatriements. Tandis que les membres de l'élite francisée se fondent rapidement dans la population française, les ex-supplétifs sont pris en charge par les pouvoirs publics : hébergés de façon transitoire dans des camps militaires, ils sont ensuite « recasés » soit de façon dispersée au gré des offres d'emploi, soit de façon regroupée dans des structures créées *ad hoc* ou réhabilitées pour accueillir, héberger et assister cette population.

L'intégration rapide de l'élite francisée

Rapatriés « par leurs propres moyens », les membres de l'élite francisée se dispersent très vite sur l'ensemble du territoire. Leur intégration à la population française est relativement rapide et la plupart d'entre eux échappent aux dispositifs d'assistance mis en place par les pouvoirs publics, auxquels ils ne font pas appel. C'est ainsi que les « universitaires, élus nationaux, hauts fonctionnaires ou fonctionnaires et militaires de carrière lettrés, membres de professions libérales, naturalisés, [se sont] vite bien insérés en métropole. La plupart ont poursuivi leur carrière et beaucoup refusent même de se considérer comme Français-Musulmans rapatriés. Leur connaissance de la langue, de la législation et des coutumes françaises, leur mode de pensée occidental acquis au cours de leurs études secondaires ou supérieures, leur choix pour la France, enfin, furent autant d'éléments suffisants pour une rapide assimilation » [Hamoumou, 1988, p. 23].

Ces « Français musulmans rapatriés » sociologiquement atypiques ont, de façon significative, très largement échappé à tout ce qui a contribué à produire l'image d'une « communauté harkie » : absents des statistiques officielles depuis 1975, absents des données produites par les institutions qui mettent en œuvre les dispositifs d'assistance, absents le plus souvent des différentes formes de prise de parole collective (associations, militantisme, mobilisations, etc.) dans lesquelles ils ne se reconnaissent pas, absents enfin des recherches qui, jusqu'à présent, ont été consacrées aux « Français musulmans rapatriés » et qui n'ont porté, pour l'essentiel, que sur les fractions les plus en difficulté de cette population.

Des camps de transit aux camps d'hébergement

La population prise en charge par les dispositifs officiels de rapatriement et d'accueil en métropole ne constitue donc qu'une partie des « Français musulmans » : « En matière de reclassement, le SFIM (Service d'accueil et de reclassement des Français d'Indochine et musulmans) ne s'occupera que des ex-supplétifs ou des gens de très petite condition, clients essentiels des centres de transit, les autres étant, en général, rentrés par leurs propres moyens, mêlés à la masse des rapatriés » [Heinis, 1977, p. 35]. Ce sont ces supplétifs, parfois accompagnés de leurs familles, qui transitent par les camps militaires réhabilités ou dressés à la hâte dans l'urgence des rapatriements au début de l'été 1962. Y sont effectuées les

La focalisation des recherches sur les fractions les plus démunies

La focalisation des recherches sur les fractions les plus en difficulté des « Français musulmans rapatriés » est patente. Trois facteurs distincts se combinent. En premier lieu, il est évidemment plus simple d'enquêter dans un hameau forestier ou sur les archives d'un camp que de partir à la recherche d'une population dont on a perdu la trace ; la logique de l'accessibilité au « terrain » a donc conduit nombre de recherches à s'orienter vers les lieux de regroupement, où l'on peut avoir accès à la fois à des groupes et à des institutions (camps, hameaux, cités, foyers, etc.) mais où aussi, précisément, subsistent les principales difficultés. Cette focalisation résulte, en second lieu, du penchant aussi naturel que discutable de prendre pour problème (scientifique) ce qui pose problème (social ou politique), phénomène d'autant plus accentué que l'on entretient vis-à-vis de cette histoire un rapport direct ou indirect. L'enquête historique glisse alors très vite du souci de connaissance au souci de reconnaissance, de même que l'enquête sociologique tourne rapidement à une forme plus ou moins avouée de socioanalyse. Le financement public de nombre de ces recherches a, en dernier lieu, produit les mêmes effets, le choix des objets répondant à des logiques qui n'ont pas toujours la science pour seul principe. En resserrant la focale sur les harkis « à problèmes », les institutions qui financèrent ces recherches n'ont pas nécessairement eu pour effet de faire dire aux chercheurs ce qu'elles souhaitaient entendre, mais bien de regarder là où elles souhaitaient qu'ils regardent. Épousant de trop près l'évolution de cette population qui est allée dans le sens d'une fracture toujours plus grande entre les « intégrés » (qu'on oublie en général) et les « exclus » (sur lesquels on se focalise), ces recherches ont largement contribué à accentuer le processus de réduction de cette population à une population à problèmes.

Cette réduction appelle deux remarques. D'une part, si légitime que soit le fait d'accorder la priorité des recherches aux populations en difficulté, on peut toutefois se demander si on ne gagnerait pas à s'intéresser de plus près à ceux qui se sont « intégrés », ne serait-ce que pour comprendre plus finement les modalités et les facteurs de cette intégration. D'autre part, on peut aussi s'interroger sur les effets de raccourci qu'opère cette réduction. En ne s'intéressant qu'aux harkis qui souffrent encore de difficultés de tous ordres, le risque est toujours présent de prendre la qualité de harki — et en particulier leur « engagement », leur « choix de la France » — pour la cause de toutes ces difficultés ; et l'est d'autant plus que cette relation, historiquement construite comme une évidence, a pour elle toute la force des idées reçues.

différentes formalités administratives, dont la « déclaration recognitive de la nationalité française », des contrôles sanitaires, puis les « recasements », terme employé à l'époque et qui consiste à trouver à ces hommes un emploi et à s'assurer de leurs futures conditions de logement.

Six camps militaires sont ouverts par l'armée dans le sud-ouest de la France. Les ressemblances entre ces lieux ne sont, certes, pas minces. La plupart d'entre eux ont une histoire qui ne commence pas avec l'arrivée des harkis et qui continue de peser bien après leur installation. Qu'il s'agisse de Rivesaltes (au nord de Perpignan, dans les Pyrénées-Orientales), de Bias (près de Villeneuve-sur-Lot, dans le Lot-et-Garonne), du camp du Larzac (à quelques kilomètres de Millau, dans l'Aveyron) ou encore de Saint-Maurice-l'Ardoise (situé entre Nîmes et Avignon, dans le Gard), les harkis sont installés dans d'anciens camps militaires, encore en activité ou désaffectés. Bias avait hébergé des rapatriés indochinois quelques années plus tôt, le Larzac et Saint-Maurice-l'Ardoise avaient, eux, fait office de centres d'assignation à résidence surveillée (CARS) durant la guerre d'Algérie et interné des militants du MNA et du FLN, puis de l'OAS à la fin du conflit. Formellement, le paysage est similaire — « villages de toile » dressés à la hâte, bâtiments en préfabriqué, anciennes casernes réhabilitées, le tout tracé au cordeau — et la vie quotidienne régie selon les mêmes règles et les mêmes normes, qui rappellent tant le monde militaire que le monde colonial et, en particulier, celui des regroupements.

Au-delà de cette image uniforme, ces camps se distinguent par les fonctions que les pouvoirs publics leur assignent et, de fait, par les caractéristiques des populations qu'ils hébergent. Les premiers, le Larzac et Bourg-Lastic (situé à proximité de Clermont-Ferrand, dans le Puy-de-Dôme), ont fonctionné de façon réellement transitoire. Ouverts en juin 1962, ils hébergent durant l'été environ 12 000 personnes, logées sous des tentes dans des conditions très précaires. La perspective d'un hiver sous la tente, dans le froid rigoureux du Massif central, pousse les autorités à transférer à l'automne ces populations dans deux camps situés plus au sud. Au camp du Larzac en particulier, on se souvient encore de l'épidémie de grippe qui, lors de l'hiver 1959-1960, avait causé plusieurs décès et profondément désorganisé le fonctionnement du camp qui hébergeait alors des prisonniers du FLN [Bernardot, 2004]. Les habitants du camp du Larzac sont transférés au camp Joffre, à Rivesaltes, et ceux de Bourg-Lastic à Saint-Maurice-l'Ardoise. Parallèlement, deux camps spécialisés sont créés : le camp de La Rye (situé près du Vigeant, dans la Vienne), destiné à offrir une préformation professionnelle à ceux que l'on juge aptes au travail, et le camp de Bias, dont la vocation est d'accueillir les personnes considérées au contraire comme « incasables » : infirmes, invalides, victimes de guerre, malades mentaux, mais aussi des hommes âgés ou des veuves, à qui il est indispensable de prodiguer des soins et d'assurer un encadrement médico-social. Rivesaltes et Saint-Maurice-l'Ardoise vont ainsi être le lieu, pendant quelques mois, d'un va-et-vient incessant. Aux familles et aux hommes isolés que l'administration parvient à recaser se substituent de nouvelles arrivées. Dans les premières semaines, les flux quotidiens se comptent par centaines. Au 1er décembre 1962, Rivesaltes héberge près de 9 000 personnes et Saint-Maurice près de 5 000. Les mois passant, sous l'effet de l'augmentation des recasements et du tarissement des arrivées (qui continueront cependant jusqu'à la fin des années 1960 mais dans des proportions infiniment moindres), la population des camps diminue. À la fin de l'année 1964, Rivesaltes ferme et les derniers « incasables » qui y étaient logés sont transférés à Saint-Maurice-l'Ardoise, si bien qu'à partir du 1er janvier 1965, Saint-Maurice voit sa fonction rejoindre celle de Bias : héberger durablement des familles et des personnes isolées dont on pense qu'elles ne pourraient pas vivre en « milieu ouvert ». Bias et Saint-Maurice-l'Ardoise fonctionnent ainsi jusqu'au milieu des années 1970 où des mouvements de révolte, menés par les jeunes adolescents qui ont grandi en vase clos dans ces camps, entraînent leur fermeture.

Camp, cité, centre

Tout autant que le lexique utilisé pour désigner les harkis, la dénomination des structures dans lesquelles ils ont été accueillis a fait l'objet de fréquentes évolutions. À Saint-Maurice-l'Ardoise, le 1er janvier 1965, le « centre de transit » devient une « cité d'accueil et d'hébergement », dénomination qui rappelle celle de Bias, le CARA (centre d'accueil des rapatriés d'Algérie). Les documents officiels se gardent très vite de désigner ces lieux comme des « camps ». Parler de « camp », de « transit » ou d'« hébergement », de « centre d'accueil » ou encore de « cité d'accueil et d'hébergement » n'a évidemment rien d'équivalent. Ces différentes dénominations évoquent, tour à tour, les regroupements militaires effectués dans les SAS, les camps de détention ouverts pendant la guerre d'Algérie appelés « centres de tri et de transit » ou encore « centres d'hébergement » [Thénault, 1997], les camps d'extermination ou de concentration (le rapprochement ne manquera pas d'être fait à cette période, notamment dans la presse d'extrême-droite), la symbolique de l'asile (qu'il s'agisse de réfugiés ou de malades mentaux), de l'hospice (pour infirmes et personnes âgées), du logement social ou encore des structures d'accueil réservées aux travailleurs migrants.

« "Centres d'accueil", magie des mots ! » écrit un journaliste de *Paris-Match* en juin 1975, Philippe Garnier-Raymond, alors que le mouvement de révolte bat son plein à Saint-Maurice-l'Ardoise. « Ce n'est pas la première fois qu'une administration croit bouleverser l'ordre des choses en changeant son appellation. Or Saint-Maurice-l'Ardoise, près de la bourgade de Saint-Laurent-des-Arbres, était, et demeure bel et bien, un camp. Un camp, cette série de baraques en béton lézardé recouvertes de tôle ondulée, sans douche, avec des WC au diable vauvert, dans lesquelles j'ai vu croupir — à la surface de deux pièces — deux familles de dix, douze personnes. Un camp, ces murs épais de huit centimètres et qui ne montent pas jusqu'au plafond, suintant l'humidité, entre lesquels vivent et se développent la tuberculose et la folie » (*Paris-Match*, 14 juin 1975).

Le « recasement » des harkis

Les logiques qui orientent les recasements tiennent en partie à des facteurs d'ordre sociologique, mais aussi aux choix et aux incitations du SFIM, sans qu'il soit toujours possible d'évaluer l'importance relative des uns et des autres [Charbit, 2005b]. À la fin de l'année 1965, un rapport du gouvernement fait le point de ce que l'on nomme désormais les « reclassements ». Sur les 13 001 chefs de famille reclassés (représentant 41 342 personnes), 7 053 l'ont été dans le

L'agriculture, solution « miracle »

Dès 1965, les autorités s'étonnent du manque d'intérêt des ex-supplétifs pour l'agriculture et de l'inefficacité des politiques d'incitation : « On a pu penser qu'un certain nombre de rapatriés musulmans d'origine pastorale ou agricole pourraient fournir un apport non négligeable à la main-d'œuvre agricole française. En fait, ce mode de reclassement a suscité fort peu d'intérêt parmi les travailleurs hébergés qui, quand ils n'optaient pas pour le secteur forestier, préféraient tenter leur chance en ville où ils étaient attirés par les hauts salaires pratiqués en secteur industriel. Bien que l'administration se soit efforcée de diriger le maximum de jeunes vers les écoles d'agriculture d'été, ouvertes à leur intention par le ministère de l'Agriculture, à la sortie de leur stage, quelques-uns seulement ont accepté une place salariée dans des exploitations agricoles » (*Rapport présenté par le gouvernement en application de l'article 72 de la loi de finances pour 1965*, Paris, 1965, p. 83).

En 1977, Anne Heinis regrette encore que, « aux yeux de ces ruraux très pauvres, le travail en usine, symbole du travail en France, [soit] le seul noble, même si, au fond d'eux-mêmes, ils sont loin d'y être toujours heureux. Mais ce qu'on croit valorisant n'apporte pas nécessairement le bonheur. Aussi, à cette époque, les travailleurs qui vont vers le secteur agricole ou forestier le font-ils le plus souvent parce qu'ils n'ont pas d'autre choix possible. À cela une exception toutefois : presque tous les ouvriers agricoles qui ont retrouvé leurs anciens patrons d'Algérie sont retournés chez eux, ce qui ne surprendra que ceux qui n'ont pas connu de près la nature très particulière des liens qui unissaient en Algérie bon nombre de "pieds-noirs" terriens et de musulmans. [...] Quelques-uns d'entre eux, qui avaient été propriétaires-exploitants

secteur industriel (54,2 %), 2 189 dans des chantiers forestiers (16,8 %), 2 125 dans des professions diverses (16,2 %), et seulement 1 634 dans le secteur agricole (12,6 %).

Le faible nombre de familles recasées dans le secteur agricole constitue, à l'époque, une véritable surprise pour les pouvoirs publics. Il leur paraissait en effet évident que l'agriculture était la destination idéale pour ces anciens paysans qui, en Algérie, avaient élevé du bétail, travaillé la terre et parfois la vigne pour les colons, et qui ne disposaient le plus souvent d'aucune qualification professionnelle. Ainsi, dès les premières semaines qui suivent leur arrivée, des efforts sont entrepris pour diriger ces familles vers le secteur agricole. Malgré l'insistance des autorités tant au niveau en Algérie, reprirent des fermes à leur compte, avec l'aide de prêts du ministère des Rapatriés. Ils eurent, d'une façon générale, encore plus de mal que les petits agriculteurs d'origine européenne, car ils étaient encore moins préparés qu'eux à affronter de difficiles problèmes de crédits et de gestion, et que l'ensemble des fermes qu'ils reprirent ayant été abandonnées souvent depuis longtemps ne donnèrent aucun bénéfice les premières années » [Heinis, 1977, p. 36-37].

Pourtant, dès 1968, le directeur du camp de Saint-Maurice-l'Ardoise, dans lequel avait été établi un centre postscolaire agricole, expliquait d'une façon on ne peut plus claire qu'« à une ou deux exceptions près, nos élèves ne manifestent aucun intérêt pour les choses de l'agriculture. C'est là une réaction normale pour des enfants dont les parents ne possèdent pas un pouce de terrain en France. Dans cette région du Gard où le travail saisonnier de la terre comporte essentiellement des vignobles et de l'arboriculture, l'agriculture n'offre à nos jeunes gens d'autre débouché que celui de journalier agricole ; emploi instable, peu payé et sans promotion possible. Alors qu'il est normal de diriger vers ce travail saisonnier les adultes inaptes à des travaux de force, il semble peu rentable pour des jeunes de les aiguiller vers le travail de la terre. La mécanique agricole elle-même qui pourrait intéresser certains enfants ne peut leur offrir de débouchés sérieux car elle est surtout le fait de petites entreprises familiales dans lesquelles ils ne trouveront pas à s'employer, n'ayant pas les moyens de s'installer à leur compte » (*Rapport relatif au fonctionnement actuel du centre postscolaire agricole de Lascours et perspective d'avenir pour l'année scolaire 1968-1969*, rédigé par J. Boyer, directeur de la cité d'accueil de Saint-Maurice-l'Ardoise, adressé le 24 avril 1968 au cabinet du préfet du Gard).

gouvernemental qu'au niveau local de la direction des camps ou des services chargés du recasement, l'agriculture ne suscite que peu d'enthousiasme. Les pouvoirs publics ne perçoivent alors pas que les raisons de cette désaffection sont très anciennes. La crise de l'agriculture qui s'était durablement installée en Algérie, accentuée par les regroupements de population, avait progressivement détaché les hommes de la terre et en particulier les plus jeunes d'entre eux, pour qui la recherche d'un emploi salarié semblait préférable aux aléas du travail de la terre, la modernité du travail en usine aux valeurs traditionnelles et à l'« esprit paysan » [Bourdieu et Sayad, 1964]. La plupart des ex-supplétifs choisissent donc de préférence le secteur industriel, quand bien même ils se trouvent, faute de qualification, peu armés pour faire face aux difficultés que ce choix comporte, et aussi en position de faiblesse par rapport à d'autres migrants qui, eux aussi venus d'Algérie, sont cependant plus jeunes et plus qualifiés.

La majorité des supplétifs occupe ainsi, après leur passage par les camps, des emplois dans les secteurs de l'industrie, des travaux publics et du bâtiment. Le gouvernement recourt alors à une formule déjà éprouvée : la construction par la Sonacotra, dans les bassins d'emplois industriels, de logements sociaux réservés aux harkis. Il s'agit de favoriser l'insertion dans ce secteur pour les familles jugées les plus « évoluées et préparées à la vie en milieu urbain » [Baillet, 1976, p. 52]. Une dizaine de milliers de personnes sont ainsi dispersées dans une vingtaine d'ensembles immobiliers, quinze d'entre eux se trouvant dans les régions industrielles du quart nord-est de la France. Le profil sociologique de ceux qui sont reclassés dans l'industrie est atypique par rapport à l'ensemble de la population harkie, mais conforme à celui de la population logée en foyers : il s'agit principalement des célibataires, plus jeunes et plus mobiles, ainsi que des familles les moins nombreuses.

Pour les autres, les pouvoirs publics mettent en place un dispositif déjà expérimenté par les Eaux et Forêts sous la forme de chantiers de jeunesse ou de prisonniers de guerre : les chantiers de forestage [Heinis, 1977, p. 36]. À partir du mois d'août 1962, une première vague de construction d'une quarantaine de chantiers est lancée. Au total, soixante-quinze hameaux seront construits. Il s'agit non seulement de fournir à ces hommes un travail rémunéré (reboisement, aménagement de la forêt domaniale) et que l'on juge ajusté à leurs compétences, mais aussi — fait inédit — d'y loger leurs familles dans des hameaux construits à proximité. Ces hameaux présentent, du point de vue des pouvoirs publics, de multiples intérêts. Ils permettent, en premier lieu, de ne pas séparer les familles nombreuses, difficiles à reloger dans les zones urbaines. De façon significative, la taille moyenne des familles dans les hameaux s'élève fin 1965 à 4,5 personnes, contre 2,4 dans les familles dont le chef est

La vie dans les hameaux de forestage

La description que fait Anne Heinis qui fut, en tant qu'inspectrice régionale du SFIM, chargée de coordonner l'action des monitrices dans ces hameaux, donne une bonne idée du type de site choisi et des conditions de vie qu'ils offraient : « Les premiers hameaux furent presque tous construits à l'écart dans les montagnes, souvent dans des sites splendides, mais sauvages et isolés ; sombres vallons plantés de sapins de la Lozère ou de l'Aigoual, plateaux feuillus de la montagne Noire, nids d'aigle des contreforts des Alpes. Quelques tentatives de restauration de villages abandonnés, tels furent les premiers types d'implantation de ces hameaux. Sauf dans les cas rares de restauration de ces masures de pierre, les maisons sont en préfabriqué, de qualité souvent médiocre et de conception très variable suivant le fabricant et les idées de l'inspecteur... Chaque logement est constitué de deux ou trois pièces, exceptionnellement quatre. Un poêle à bois central chauffe l'ensemble. Les femmes musulmanes, qui adorent vivre dans des étuves, poussent le poêle au maximum dans la journée, la température monte jusqu'à vingt-huit à trente degrés, puis retombe brutalement la nuit. L'isolation des murs est mauvaise et les nuits d'hiver, froides dans les montagnes, entraînent grippes et angines. Au point de vue hygiène, sanitaire, eau courante, la situation générale est rudimentaire. Tous les hameaux n'ont pas l'eau courante, tant s'en faut. Les sanitaires sont collectifs et primitifs, isolés dans de petits bâtiments extérieurs, et le personnel n'a pas plus de confort que les harkis, beaucoup plus par défaut d'imagination dans la conception que par manque de moyens » [Heinis, 1977, p. 90].

employé dans le secteur industriel. En outre, le faible nombre de familles regroupées (vingt-cinq à trente familles en moyenne par hameau) est censé faciliter leur suivi social et sanitaire, effectué par des « monitrices de promotion sociale ». La formule répond, enfin, à un besoin aussi conjoncturel que structurel : non seulement de nombreux incendies ont ravagé durant l'été les forêts provençales, mais surtout les Eaux et Forêts voient là le moyen de mener à terme les projets d'aménagement des forêts domaniales qui n'avaient jusqu'alors jamais pu être mis en œuvre faute de personnel et de crédits [Baillet, 1976, p. 53].

L'expérience des hameaux de forestage est donc pensée comme provisoire. Elle doit aboutir, pour certains, à un reclassement définitif dans les Eaux et Forêts. Pour d'autres, elle doit au moins servir de tremplin. Le travail forestier, pour les hommes, et l'action des « monitrices », pour les femmes, sont en effet vus comme le moyen d'assimiler progressivement ces familles en leur faisant adopter un mode de vie « européen ». À partir de 1966, la réalisation de la plupart des travaux prévus, la dégradation des installations et la volonté de libérer une main-d'œuvre que le ministère de l'Agriculture souhaite réaffecter à l'équipement et la lutte contre l'incendie dans la région Provence-Côte-d'Azur poussent le ministère de l'Intérieur à fermer progressivement l'ensemble des chantiers. Ce désinvestissement se traduit, dix ans plus tard, par une situation d'isolement des familles d'autant plus préoccupante que trente-trois hameaux sont restés ouverts, regroupant des familles largement coupées de la population locale et dont les chefs, par manque de qualification, peinent à trouver un reclassement [Baillet, 1976, p. 53].

Avec une dizaine de milliers de personnes hébergées dans des cités urbaines, autant dans des hameaux de forestage et environ deux mille personnes regroupées dans les camps de Bias et de Saint-Maurice-l'Ardoise, c'est environ la moitié de la population harkie prise en charge par les autorités qui, à la fin de l'année 1965, vit de façon regroupée dans des lieux construits à son intention et qui, dans la quasi-totalité des cas, lui sont exclusivement réservés. Certes, les situations d'un lieu à l'autre sont extrêmement variables. La vie recluse dans les hameaux et, *a fortiori*, dans les camps n'a évidemment rien de commun avec la vie dans certaines cités urbaines où les contacts avec le monde extérieur sont plus faciles. Cela dit, le choix de regrouper cette population apparaît comme une constante dont il faut restituer les logiques.

D'un regroupement à l'autre

L'action des pouvoirs publics en direction des harkis se caractérise par un double souci parfaitement contradictoire : il faudrait à la fois disperser et regrouper cette population. Au début des années 1960, la pensée assimilationniste est encore largement partagée par les pouvoirs publics, et ce d'autant plus que l'on se situe aux échelons les plus proches du terrain. La dispersion de cette population sur l'ensemble du territoire est ainsi vue comme le moyen d'assurer l'assimilation de ces hommes et de leurs familles, celle-ci passant nécessairement par l'abandon de leurs coutumes « archaïques » et « primitives ». Mais, dans la mesure où l'on n'espère pas que ces mauvaises habitudes s'estompent d'elles-mêmes, il s'agit de mettre en place un encadrement social et sanitaire dont la bonne marche sera facilitée par le regroupement. La dispersion est aussi envisagée comme un moyen d'assurer l'intégration de ces familles à la population française : disperser en petit nombre des familles parmi la population « de souche » permettra à cette dernière de supporter plus facilement ces coutumes et ces usages par trop choquants. Pourtant, si la dispersion est envisagée comme le but à atteindre, en pratique c'est plutôt la solution du regroupement qui s'impose.

Le règlement de la guerre en métropole

Le choix de regrouper les harkis dans les camps, les hameaux de forestage ou les cités urbaines s'inscrit d'abord dans une conjoncture très particulière : celle du règlement difficile de la guerre d'Algérie en métropole. La signature des accords d'Évian le 18 mars 1962, suivie du référendum d'autodétermination le 1er juillet, n'apaise pas du jour au lendemain les tensions nées du conflit. Déjà agitée pour justifier le peu d'empressement des pouvoirs publics à rapatrier les harkis, la crainte que l'OAS ne recrute parmi les ex-supplétifs réapparaît lorsqu'il s'agit de choisir les lieux d'implantation des regroupements. Cette raison est par exemple invoquée par le préfet du Vaucluse pour s'opposer à l'installation de chantiers de forestage dans son département : « Je demande à ce que les harkis ne soient pas affectés à des travaux forestiers dans mon département. J'attire en effet l'attention de M. le Ministre sur le fait que le département du Vaucluse est vraisemblablement un de ceux qui, par rapport à l'importance de la population, groupe le plus grand nombre de rapatriés (pour 310 000 habitants, il y a environ 30 000 rapatriés). Par ailleurs, les arrestations importantes auxquelles il a été procédé, ne serait-ce que dans ces dernières semaines, et celles à prévoir dans les jours prochains montrent que l'activité de l'OAS dans le Vaucluse retrouve une certaine recrudescence. Je rappelle que, depuis le début de l'année, mon département a eu à déplorer quelque quarante-sept plasticages. Ces faits me laissent penser que la présence de harkis en Vaucluse est susceptible de créer de nouveaux incidents » [cité *in* Moumen, 2003, p. 67].

Les craintes suscitées par la présence de harkis restent cependant toujours aussi floues et changeantes. Ils sont en effet doublement soupçonnés d'entretenir des contacts avec d'anciens partisans de l'Algérie française, mais aussi de compter dans leurs rangs de « faux harkis » infiltrés par des agents du FLN. Dans le même temps, ils apparaissent comme une population dont il faut assurer la protection, menacée qu'elle est de représailles de la part des Algériens présents sur le territoire métropolitain et sensibilisés à la cause indépendantiste. Les harkis continuent ainsi de focaliser des craintes qui, si contradictoires qu'elles puissent être, s'accordent tout de même sur le fait qu'il est difficile, voire dangereux, de faire pleinement confiance à ces hommes ; ce qui n'est bien sûr pas sans rappeler la méfiance des militaires français envers ces troupes et, plus largement, le rapport colonial à ces « indigènes » dont le loyalisme a toujours été douteux.

Cela étant, ces craintes sont loin d'être injustifiées. Durant les premières semaines qui suivent leur installation, les incidents se multiplient entre harkis et Algériens — de l'intimidation au racket, des violences verbales et physiques au meurtre — au point que, le 1er septembre 1962, le ministre de l'Intérieur, Roger Frey, s'inquiète que « l'effort qui a été entrepris pour permettre le reclassement des anciens harkis et de leurs familles dans l'économie métropolitaine se heurte, en maints endroits, à une action des membres de l'organisation FLN, qui tentent de soumettre à leur autorité les anciens supplétifs ou de les obliger à abandonner l'emploi qu'ils ont pu obtenir : manœuvres de persuasion, menaces, actes de violences se répètent. [...] Il faut assurer la protection de ces citoyens français » [cité *in* Moumen, 2003, p. 47]. L'analyse de ces tensions au niveau d'un département comme celui du Gard, qui compte à la fin de l'année 1964 environ trois fois plus d'Algériens que de harkis, montre que ces tensions sont loin d'être à sens unique et de toujours relever de clivages d'ordre politique. Cependant, profondément imprégnées par les grilles de perception en vigueur durant toute la période de la guerre, les forces de l'ordre tendent de façon systématique à interpréter sous un angle politique les incidents dans lesquels sont impliqués des harkis (et qui se révèlent souvent n'être que de banales affaires de voisinage) de même qu'elles tendent, de façon tout aussi régulière, à leur donner raison.

Même exagérées, ces craintes n'en restent pas moins partagées tant par les pouvoirs publics et les forces de l'ordre que par les harkis qui sont nombreux à vivre encore, surtout dans les camps, dans la crainte de représailles. Le regroupement apparaît, dans cette mesure, comme le moyen d'assurer tout à la fois la protection et le contrôle de cette population. Avec des variations d'un lieu à l'autre, les dispositifs sont sensiblement identiques : installation des regroupements dans des localités comptant si possible peu d'Algériens dans le but de prévenir les tensions, augmentation des effectifs de police, strict contrôle de leurs déplacements et des visites reçues, surveillance étroite des contacts qu'ils entretiennent avec les populations locales (autochtones, rapatriés pieds-noirs dont on surveille les « sympathies », Algériens dont on contrôle les liens avec les organisations FLN), etc.

Une solution éprouvée en Algérie

Isolement, protection, contrôle : ces différents aspects rappellent directement la politique de regroupement des populations pendant la guerre d'Algérie. Les parentés sont si nombreuses qu'il semble que les pouvoirs publics ne font en réalité que reproduire une solution déjà éprouvée quelques années plus tôt. Bâtiments alignés construits par les résidents eux-mêmes, repas et douches à heures fixes, salut militaire, organisation interne reproduisant les hiérarchies propres à l'armée, répartition des familles selon l'ethnie, instrumentalisation de la « mentalité musulmane » dans la gestion quotidienne de cette population : l'organisation du temps, de l'espace et des hommes s'inscrit dans la continuité directe de pratiques et de représentations forgées au fil de l'histoire coloniale. Continuité aussi des missions assignées à ces lieux qui, dans une perspective assimilationniste, mêlent de façon indissociable le contrôle des populations à l'action sanitaire, sociale et éducative. Dans les camps de regroupement de la guerre d'Algérie comme dans les camps d'hébergement, les hameaux de forestage et les foyers ou cités de transit de la Sonacotra, il s'agit bien de regrouper une population composée d'hommes, de femmes et d'enfants, d'âges variés, dont on juge qu'elle ne peut être dispersée et qui est soumise à un encadrement administratif étroit, couvrant la quasi-totalité des aspects de la vie quotidienne (scolarisation, soins médicaux, restauration, habillement, formation professionnelle, loisirs, etc.). C'est en cela que l'on peut parler, à leur égard, d'« institutions totales » [Goffman, 1968]. Les motifs de ces regroupements sont donc identiques, mais différemment pondérés : alors que le contrôle des populations prit le pas, pendant la guerre, sur le souci d'encadrement social et sanitaire, la situation des camps de harkis évolue après 1962 dans le sens inverse, les craintes d'ordre sécuritaire s'estompant avec le temps.

Reste que la mise en évidence de ces parentés ne suffit pas à expliquer pourquoi et comment ces pratiques et cette organisation se sont maintenues. Si le passé continue de peser, si les habitudes et les manières de faire ou de penser se perpétuent, c'est que les conditions pour qu'elles le soient sont réunies. La fin de la guerre ne marque pas, de ce point de vue, une rupture franche, bien au contraire. Deux facteurs se combinent pour favoriser la reproduction de ce passé tant militaire que colonial. Les modalités d'accueil et d'installation des harkis s'inscrivent d'abord dans un contexte d'urgence et d'improvisation face à une situation qui, sans être totalement nouvelle — l'expérience indochinoise constituait un précédent —, prend cependant de court, en raison de son ampleur, les autorités militaires et civiles. Le manque de préparation et la sous-estimation considérable du volume des rapatriements, tant pour les rapatriés de « souche européenne » que pour ceux de « souche nord-africaine », poussent les autorités militaires à improviser au jour le jour des solutions aux problèmes qu'elles rencontrent, en s'appuyant sur des réflexes et des routines historiquement construits. Loin d'avoir été longuement discuté et mûri, le choix de regrouper les harkis résulte ainsi bien moins d'un plan dressé à l'avance que de la mise en œuvre d'un *sens pratique* [Bourdieu, 1980], dicté par l'urgence des circonstances et les moyens dont disposait l'armée, qui a conduit à reproduire des solutions déjà éprouvées et donc aussi pratiques qu'économiques. Peu à peu, ces choix improvisés au hasard des circonstances, sans véritable *décision*, vont s'institutionnaliser : les regroupements pensés comme temporaires seront maintenus, les tentes remplacées par des préfabriqués puis par des bâtiments en dur, le personnel recruté dans l'urgence titularisé, les règles de fonctionnement informelles codifiées, etc., conférant à tous ces choix une illusoire cohérence rétrospective.

La solution du regroupement s'impose d'autant plus facilement que ce sont les mêmes structures et les mêmes personnes qui restent en charge de cette population. Bien que ces troupes aient été démobilisées, le ministère des Armées conserve la gestion des lieux dans lesquels sont accueillis les ex-supplétifs. De nombreux anciens officiers des SAS participent d'ailleurs activement à la mise en place et l'organisation des hameaux de forestage, comme Nicolas d'Andoque ou Yvon Durand. Ces continuités ne sont d'ailleurs pas propres aux harkis. De nombreux fonctionnaires de l'administration civile ou militaire française en Algérie sont en effet reclassés en métropole dans les structures chargées de l'administration des « Français musulmans d'Algérie », qu'il s'agisse des foyers de la Sonacotra dont plus de 95 % des directeurs en poste en 1972 partagent une carrière militaire dans les colonies [Ginesy-Galano, 1984, p. 129], des anciens administrateurs des services civils d'Algérie, largement reconvertis à des postes de conseillers techniques aux affaires musulmanes [de Barros, 2004, 2005], ou encore des fonctionnaires des services en charge de l'encadrement des Algériens à la préfecture de police de Paris [Spire, 2005].

Toute l'organisation du SFIM, et en particulier sa politique de recrutement, repose ainsi sur la même vieille idée qui guidait l'action de l'administration coloniale en Algérie, selon laquelle il n'est d'action efficace envers les « musulmans » que si l'on maîtrise les subtilités de leur « mentalité ». Le personnel des lieux d'accueil et d'hébergement des harkis est, de fait, quasi exclusivement composé d'anciens militaires et de rapatriés pieds-noirs. La direction des camps est attribuée à des militaires ayant effectué une partie de leur carrière en Algérie, la direction des hameaux généralement confiée à d'anciens chefs de SAS, puis, à mesure que l'on descend dans la hiérarchie des responsabilités, ce recrutement exclusivement militaire s'ouvre aux rapatriés d'Algérie. Les postes de « monitrices de promotion sociale » qui, selon un rapport du gouvernement daté de 1965, constituent la « clé de voûte » de l'ensemble du dispositif sont ainsi réservés de préférence à des rapatriées dont on ne doute pas qu'elles sauront faire face au caractère « fruste » des personnes qu'elles auront à leur charge : « Étant donné le caractère fruste des familles de harkis, leur adaptation à un mode de vie aussi nouveau posait de sérieux problèmes. Il fallait éviter à la fois qu'elles rebutent leur voisinage européen et se replient sur elles-mêmes. Par ailleurs, les adultes presque tous illettrés ne pouvaient accomplir eux-mêmes aucune des formalités administratives quasi quotidiennes dans des familles souvent nombreuses. Il a donc été nécessaire d'instaurer un dispositif qui permette d'assister ces familles. La clé de voûte de toute l'organisation de tutelle sociale est constituée par un réseau de quatre-vingt-dix monitrices sociales, choisies de préférence parmi les rapatriées d'Algérie ayant quelque formation sur le plan médico-social et ménager, guidées et encadrées par une inspectrice nationale et trois inspectrices régionales. »

Les effets de l'isolement

On comprend alors mieux comment s'est répétée la pratique des regroupements et, à l'intérieur de ceux-ci, les habitudes, les manières de faire et de voir produites dans le cadre de la colonisation puis de la guerre. On comprend aussi la fréquence des allusions au *douar* ou au *bled* pour désigner les hameaux de forestage, ou encore à la « colonie algérienne » pour parler des populations hébergées dans les camps. L'isolement de ces lieux, tant géographique que dans leur mode de fonctionnement, contribue encore au maintien de ces habitudes. L'évolution de ces regroupements est ainsi très différente dans les espaces relativement clos des camps des hameaux de forestage et dans ceux, plus ouverts, des cités urbaines. Il faudra longtemps, par exemple, pour que, dans un camp comme celui de Saint-Maurice-l'Ardoise, ces habitudes se trouvent perturbées par l'avènement d'autres manières de voir ou de faire. L'ouverture tardive à un personnel n'ayant aucune expérience algérienne sera l'un des facteurs déterminants d'une évolution qui restera en réalité toujours fragile, les crises successives qui surviendront à partir du début des années 1970 ayant pour effet de réactualiser les dispositions les plus anciennes [Charbit, 2005a].

C'est pour ces mêmes raisons que, dans les hameaux forestiers, les consignes officielles visant à faire « évoluer » ces familles dans le sens de leur intégration à la population métropolitaine sont contredites par les dispositions des agents en charge de ces actions sur le terrain qui les poussent plutôt à reproduire, par « habitude » ou « lassitude », les situations expérimentées pendant la période coloniale. Deux thèses s'affrontent ainsi dès la mise en place des premiers hameaux de forestage : « Celle qui tend à recréer en France des conditions de vie qui rappellent celles du bled en Algérie, d'où viennent pratiquement toutes les familles, et où ont travaillé presque tous les inspecteurs au cours des années précédentes. Celle qui pense qu'il faut apprendre aux gens à évoluer afin de s'insérer dans la population française et qu'il faut progressivement leur donner les moyens de cette évolution. La thèse officielle est la seconde et peu de gens osent avouer que leurs préférences vont à la première. Dans la pratique, les deux thèses cohabiteront sans cesse pour deux raisons : le long chemin que doivent parcourir ces familles pour se sentir à l'aise dans notre société, et qui nécessite de ne pas vouloir aller trop vite ; l'habitude ou la lassitude, car la dynamique en matière sociale demande un effort permanent d'observation, d'imagination et de persévérance, et il est souvent plus facile de tenter de faire durer abusivement une situation que d'en inventer une nouvelle, adaptée aux besoins réels » [Heinis, 1977, p. 91].

Conclusion

Les conditions dans lesquelles furent accueillis et hébergés les harkis ne peuvent ainsi être résumées à une volonté politique de passer sous silence une histoire peu glorieuse pour les responsables politiques et militaires qui eurent à gérer les négociations de l'indépendance. Il est en effet assez aisé d'exhumer le vieux fantasme du complot pour expliquer que le regroupement des harkis, décrit alors comme un « enfermement », est le résultat d'un choix cynique et délibéré du général de Gaulle de ne pas donner trop de publicité à une situation qui symbolisait l'échec du dénouement de la guerre d'Algérie. Cette vision fut largement entretenue par d'anciens partisans de l'Algérie française qui virent dans le sort des harkis en métropole un nouveau champ de bataille pour poursuivre par d'autres voies leur combat contre de Gaulle, qui les aurait « trahis » au moment même où il disait les avoir « compris ».

Cette politique de regroupement s'inscrit dans une situation d'urgence et de crise qui pousse les autorités politiques militaires à reproduire en métropole les solutions expérimentées en Algérie durant la guerre. C'est ainsi une petite partie de ce monde colonial, avec ses pratiques et ses représentations, qui est rapatriée en France et se maintiendra d'autant mieux ensuite qu'il s'agit tout à la fois des mêmes personnes (les ex-supplétifs et leurs ex-supérieurs hiérarchiques), placées sensiblement dans les mêmes structures et dans des lieux suffisamment clos pour que cet ordre ne se trouve pas remis en question.

Treize ans plus tard, cependant, les révoltes qui se succèdent à Bias, Saint-Maurice-l'Ardoise et dans de nombreux hameaux de forestage mettront fin à la plupart de ces regroupements. Pour la population qui vécut regroupée et isolée dans ces lieux, ces années auront laissé un goût amer : beaucoup de harkis eurent le sentiment de se trouver, quinze ans après leur arrivée, dans une situation qui n'était, au fond, pas vraiment meilleure que celle dans laquelle ils se trouvaient à leur entrée en France ou, en tout cas, bien pire que celle qu'on leur avait laissé espérer. Ces crises, auxquelles succéderont celles de 1991, apparaissent ainsi comme la première manifestation des impasses dans lesquelles les pouvoirs publics, depuis 1962, se sont enfermés. Coincés entre le souci d'intégrer cette population dans le droit commun et la nécessité de mettre en place des dispositifs pour pallier des difficultés qu'ils ont eux-mêmes contribué à créer et à entretenir, les gouvernements successifs n'ont jamais vraiment réussi à s'émanciper de cette gestion paradoxale dont les effets sont toujours palpables.

V / Une gestion politique paradoxale

L'action des pouvoirs publics se trouve prise dans une contradiction dès les premières mesures mises en place lors du rapatriement. La conviction que l'intégration de cette population ne peut se réaliser que si les harkis sont juridiquement considérés comme des Français « comme les autres » suppose, d'une part, de les intégrer dans le droit commun. La nécessité d'apporter des réponses particulières à une population en difficulté envers laquelle la France a contracté une dette implique, d'autre part, la mise en place de mesures dérogeant au droit commun, en matière de logement, d'accession à la propriété, de subventions pour la création de petites entreprises, etc. Alors que le modèle républicain de l'intégration « à la française » incite à opter pour la première solution, c'est la seconde qui, dans les faits, ne cessera d'être mise en œuvre.

Les facteurs du maintien durable de ce « statut d'exception » sont multiples. Dans un premier temps, l'évolution des problèmes que rencontrent les harkis dans les lieux de regroupement — les difficultés d'ordre socioéconomique prenant le pas sur les problèmes sécuritaires — semble coïncider avec la volonté politique d'en finir au plus vite avec le « dossier harki ». Son transfert au ministère des Affaires sociales en 1967 en constitue une illustration directe. Cependant, les consignes données par les ministères se heurtent à l'inertie des pratiques des agents des administrations qui gèrent, sur le terrain, la situation de ces « Français musulmans rapatriés ». Dans un second temps, à partir du début des années 1970 et *a fortiori* après les crises de 1975, ce « dossier harki » va prendre à nouveau un tour politique, quoique sur des bases radicalement nouvelles. À la faveur d'une série de facteurs convergents, les harkis deviennent en effet une clientèle électorale dont les gouvernements et les partis vont chercher à s'assurer du soutien, les dispositifs dérogatoires faisant désormais l'objet de négociations politiques.

Du politique au social

La gestion politique de cette population illustre à nouveau comment des principes politiques peuvent buter sur des habitudes contractées de longue date. Alors que, au fil des années 1960, les problèmes que rencontre cette population évoluent dans le sens d'une dépolitisation de la « question harkie » — ce dont témoignent les changements successifs des institutions qui en ont la charge —, les consignes politiques visant à mettre fin au « statut d'exception » des harkis se heurtent à des résistances d'autant plus tenaces qu'elles plongent leurs racines dans l'histoire longue du rapport colonial aux « indigènes ».

La dépolitisation de la « question harkie »

Durant la première moitié des années 1960, les harkis restent pris dans les enjeux et les oppositions hérités de la guerre et sont alors perçus sous un angle sécuritaire : il s'agit d'assurer leur protection et de les contrôler, bref, de prévenir les troubles à l'ordre public dont ils pourraient aussi bien être les victimes que les coupables. Avec la pacification, la perception des harkis glisse sensiblement du registre politique et sécuritaire au registre social. Peu à peu, on cesse d'interpréter leur situation au regard de la dimension politique de leur « engagement » passé, pour s'attacher à saisir les difficultés sociales ou économiques qu'ils rencontrent. L'évolution de ce regard épouse, bien évidemment, les évolutions concrètes que connaît cette population. Dans la seconde moitié des années 1960 commencent en effet à se faire sentir les limites des politiques mises en place quelques années plus tôt, en particulier dans les lieux de regroupement : manque de qualification et difficultés sur le marché de l'emploi, manque d'intégration, racisme, problèmes de santé physique et mentale, précarité grandissante, etc. Les problématiques relatives à l'intégration prenant peu à peu le pas sur les problématiques d'ordre sécuritaire, les harkis font de plus en plus l'objet de préoccupations qui ne sont, au fond, pas très éloignées de celles qui concernent les travailleurs migrants.

L'évolution du traitement du « dossier harki » par *Le Monde* est, à cet égard, très révélatrice. Selon Alain Rollat, en charge du dossier de 1962 au milieu des années 1970, le dossier harki a été traité dans les pages « Politique » : « La question des rapatriés, parce qu'elle dépendait des services du ministère de l'Intérieur, était obligatoirement rattachée au politique. Il n'était pas question d'aborder le problème sous l'angle du social. D'ailleurs, dans cet esprit-là, on a négligé les dimensions culturelles et sociales du problème. » Plus encore, le dossier formait une sorte d'« appendice du dossier pied-noir ». Au milieu des années 1970, la question harkie passe dans les pages « Société » : « L'angle d'approche s'est modifié et on n'envisage plus seulement le domaine du politique et de l'institutionnel, mais on se place davantage dans une perspective sociale » [cité *in* Abrial, 2001, p. 53-54]. Les révoltes des jeunes de l'été 1975 ont, entre-temps, changé la donne. Mais cette évolution est sans doute aussi liée à un autre tournant qui affecte dès le début de la décennie le monde de la recherche.

Des premières études de médecine mettant l'accent sur les troubles psychiques rencontrés tant chez les pères que chez les enfants aux thèses de sociologie ou d'ethnologie s'attachant aux difficultés d'intégration, aux obstacles socioéconomiques ou à l'essor d'une « identité harkie » [Vernay, 1976 ;

Devaux, 1976 ; Heinis, 1977 ; Abdellatif, 1981 ; Bouguerra, 1982 ; Delaunay, 1982 ; Jarrigue, 1983], c'est en effet une profonde modification de la perception sociale de cette population qui se joue. Sortant de l'alternative politique des figures inverses de coupable ou de victime, les harkis apparaissent, à partir de la fin des années 1960, avant tout comme une population en situation de grande précarité nécessitant aide et assistance. L'enquête menée en 1971-1972 par Jean Servier, alors professeur de sociologie à l'université de Montpellier, a joué un rôle déterminant dans cette évolution [Servier, 1972]. Financée par le Comité national pour les musulmans français présidé par Alexandre Parodi (appelé aussi « Comité Parodi ») et soutenue par le directeur de la Population et des Migrations du ministère des Affaires sociales, Michel Massenet, cette très lourde enquête quantitative et qualitative est la première à dresser un bilan général de la situation, dix ans après le rapatriement des harkis. Données statistiques étendues à l'ensemble du territoire, études minutieuses des conditions de vie dans les camps, les hameaux et les cités urbaines, trajectoire de son auteur, aidé pour la partie statistique par Anne Heinis, tout contribuait à imposer comme indiscutables les analyses particulièrement alarmantes qui y étaient contenues et à inciter les pouvoirs publics à prendre au sérieux les différentes facettes de ce « problème harki ».

Des Armées aux Affaires sociales

Les changements successifs des institutions chargées de l'administration des harkis traduisent sans doute moins l'évolution des problèmes rencontrés par cette population que la représentation que les pouvoirs publics s'en font. Pris en charge conjointement en 1962 par le ministère des Armées et le ministère des Rapatriés, le « dossier harki » est très vite confié au SFIM, rattaché au ministère de l'Intérieur, même si la gestion concrète des populations regroupées dépend toujours du ministère des Armées jusqu'à la fin de l'année 1964. Avec la profonde réorganisation du ministère des Affaires sociales [Viet, 1998, p. 221 et suiv.], le SFIM qui, jusqu'alors, fonctionnait de façon assez autonome et disposait d'un pouvoir de décision réel se trouve transféré en janvier 1967 dans une sous-direction, celle des « programmes sociaux en faveur des migrants », dépendant de la Direction de la population et des migrations.

Le transfert du ministère de l'Intérieur à celui des Affaires sociales est alors envisagé comme une façon d'en finir avec la « situation d'exception » du « problème harki » en le replaçant dans le droit commun. Loin de se résumer à un simple changement d'étiquette, cette évolution a des conséquences essentielles sur la gestion politique de cette population. Elle est d'abord très mal vécue par le personnel employé dans les lieux de regroupement pour qui ce transfert signifie non seulement la fin prochaine de ses emplois, mais aussi le coup d'arrêt des initiatives mises en œuvre depuis les rapatriements, dans lesquelles ils se sont profondément impliqués. Assistant au « pot d'adieu » du responsable du SFIM, le préfet Yves Pérony, Anne Heinis évoque l'« œil froid et absent », les « mots précis et glacés » du successeur, directeur de la Population et des Migrations, et la « consternation générale » de l'assistance quand celle-ci apprend que le SFIM « est certainement appelé à disparaître très rapidement » [Heinis, 1977, p. 88]. Pour les harkis eux-mêmes, le symbole est lourd : français depuis leur déclaration recognitive de la nationalité, ils sont désormais réintégrés dans une sous-direction chargée des « migrants ». Certes, ils partagent à cette époque bon nombre de difficultés similaires, mais ce glissement les situe désormais sur le même plan que les travailleurs algériens, rapprochement vécu comme une stigmatisation infâmante pour ces « Français » qui constatent au jour le jour avec amertume que leur « engagement » pour la France et leurs « sacrifices » ne leur ont pas procuré de meilleures conditions de vie que celles de ces migrants, ni donné de meilleures chances d'insertion dans la société française. Rapprochement pourtant durable : vingt ans plus tard, à quelques mois des élections présidentielles de 1988, la proposition d'accorder aux harkis une allocation forfaitaire dont le montant est comparable à celui de l'« aide au retour » accordée aux migrants suscitera un tollé dans le monde associatif [Roux, 1991, p. 365].

En pratique, enfin, cette évolution affaiblit considérablement les pouvoirs de décision et d'initiative de ce service. Comme l'explique Anne Heinis, le ministère réalise que « sortir de l'immobilisme risque de l'entraîner dans une aventure dont personne ne veut. Le principe de la centralisation des décisions et son corollaire, l'irresponsabilité du fonctionnaire, font que, dans l'administration, seuls les très hauts fonctionnaires peuvent prendre des décisions. Or le service n'est en fait qu'un bureau d'une sous-direction, donc, par définition, sans grand pouvoir de décision créatrice, mais susceptible, par contre, de freiner les initiatives et de bloquer l'information. [...] Le malheur voudra que, justement à cette époque, la phase d'initiation à la vie française étant terminée, il eût fallu prendre des décisions importantes qui ne furent jamais prises. Pendant des années, la situation se dégradera petit à petit et aboutira à la série des actions politiques de l'hiver 1974-1975 : grève de la faim, séquestration, prise d'otages, etc. » [Heinis, 1977, p. 80, 89].

L'inertie des pratiques administratives

La volonté de replacer les harkis dans le droit commun a toutefois du mal à s'imposer, au quotidien, dans la gestion administrative de cette population, si bien que le maintien d'un statut dérogatoire ne cesse, dans les faits, de se maintenir. En 1988, Mohand Hamoumou pouvait encore écrire que « du SFIM de 1962 à l'Onasec de 1981-1986 en passant par les BIAC [Bureaux d'informations, d'aides et de conseils pour les Français musulmans] ou les SIAC [Services d'informations, d'aides et de conseils pour les Français musulmans], peu de choses, au fond, ont changé. Sauf les sigles qui tentent, périodiquement, de dissimuler une même politique sociale. Gestion sociale paradoxale visant l'insertion dans le droit commun par le biais d'organismes et de mesures d'exception prêchant l'intégration voire au début l'assimilation culturelle mais en maintenant une grande partie d'entre eux dans un habitat coupé du monde » [Hamoumou, 1988, p. 22].

S'appuyant sur les recommandations du rapport Servier, le Premier ministre et ex-ministre des Armées Pierre Messmer est ainsi conduit, le 26 juin 1973, soit plus de dix ans après leur rapatriement, à adresser à l'ensemble des préfets une circulaire qui rappelle que les « Français musulmans » disposent de la nationalité française et doivent, dès lors, être considérés comme tels. Faisant état des résultats de l'enquête, il évoque l'existence d'« un malaise général et d'une amertume persistante dus à la confusion fréquemment commise, dans les milieux les plus divers, entre les intéressés et les ressortissants algériens », et explique que « cette erreur, constatée aussi bien de la part des administrations et services publics que de la part des associations de caractère social, a souvent pour conséquence d'exclure, en fait, les musulmans français du bénéfice des dispositions légales ou réglementaires dont les avantages sont réservés aux citoyens français, sans que les intéressés puissent, pour autant, prétendre aux actions sociales qui sont exercées en faveur des étrangers ». Pour sortir de cette situation kafkaïenne, « contraire à la législation et, de surcroît, inacceptable au plan humain », Messmer « demande de bien vouloir rappeler à toutes les administrations et services publics relevant de [leur] autorité que les rapatriés français musulmans jouissent de la plénitude des droits attachés à la possession de la qualité de citoyen français et ne doivent, par conséquent, faire l'objet d'aucune mesure discriminatoire qui pourrait les mettre dans une situation différente de celle de leurs concitoyens d'origine métropolitaine ».

Peut-être liée, dans certaines administrations, à une méconnaissance de l'histoire et du statut des harkis, cette confusion s'inscrit surtout dans la continuité de pratiques anciennes. Tout se passe comme si, malgré l'option des harkis pour la nationalité française, les agents des administrations qui les avaient en charge n'arrivaient pas à se détacher des habitudes contractées pendant la période coloniale qui n'avaient jamais fait de ces « indigènes » des Français à part entière ; le reclassement en métropole d'un grand nombre de fonctionnaires coloniaux dans des services chargés de l'administration des « musulmans » favorisant sans aucun doute la reproduction de ces pratiques et de ces représentations issues de l'expérience coloniale.

Le retour du politique

De leur rapatriement aux révoltes de l'été 1975, la perception des harkis par les administrations qui en ont assuré la tutelle glisse donc sensiblement du politique au social. Il n'est plus question de contrôler et d'isoler une population appréhendée au regard de ses « choix » politiques passés et que l'on tâche d'éloigner des dangers dont elle pourrait être victime. Treize années d'isolement et de prise en charge dans les cités urbaines, les hameaux de forestage et les camps ont produit ce que le personnel des lieux de regroupement désigne, en le déplorant, comme une « mentalité d'assistés ». Passifs, apathiques, les anciens supplétifs seraient devenus indifférents à leur propre sort. L'enquête Servier, dès 1972, mit l'accent sur ce phénomène et ses effets sur la socialisation des enfants des supplétifs élevés dans ces regroupements. Elle aboutit aussi, de façon plus inattendue, à réinscrire le « problème harki » sur l'agenda politique.

Une clientèle électorale

Les conclusions de l'enquête Servier débouchent en effet sur la constitution d'une commission interministérielle qui prend, par deux circulaires datées du 28 juin 1973 et du 21 janvier 1974, une série de mesures importantes : au-delà de la reconnaissance que les Français musulmans sont des « Français à part entière », elle annonce la construction de mille logements pour assurer la résorption des hameaux forestiers et la déconcentration des deux cités d'accueil, ainsi qu'un certain nombre de mesures visant principalement les jeunes (soutien scolaire, préformation professionnelle, bourses d'études, etc.). L'approche des élections présidentielles de 1974 n'est évidemment pas étrangère à ce brusque intérêt politique. Entre autres conclusions, l'enquête Servier met pour la première fois en lumière l'importance numérique de cette population évaluée alors à environ 170 000 personnes. Perspective électorale non négligeable qui explique sans doute les rapprochements entre les quelques associations de harkis et celles, beaucoup plus importantes et structurées, des pieds-noirs. Les harkis peuvent en effet, pour ces dernières, constituer un soutien important dans leurs revendications d'indemnisation des biens laissés en Algérie — question restée en suspens depuis 1962 —, même si, dans le cas des ex-supplétifs, l'impossibilité de fournir des titres ou des justificatifs de propriété rend en fait illusoire tout espoir d'indemnisation [Roux, 1991, p. 330-332].

Sans surprise, la chronologie des mesures d'aide ou d'indemnisation épouse ainsi étroitement celle des grandes échéances électorales. Le poids politique de cette population, qui n'a jamais réussi à constituer une force politique unifiée ou à s'accorder sur la désignation de porte-parole, restera toutefois modeste. Durant la décennie qui suit leur rapatriement, les associations qui viennent en aide aux harkis sont à la fois peu nombreuses et font davantage figure d'associations *pour* les harkis que d'associations *de* harkis [Hamoumou, 1993, p. 297]. C'est le cas, par exemple, de l'Anfanoma (Association nationale des Français d'Afrique du Nord, d'outre-mer et de leurs amis) ou du Comité Parodi. À partir du début des années 1970, l'espace associatif connaît un essor considérable. La première association de *harkis*, le Madran (Mouvement d'assistance et de défense des rapatriés d'Afrique du Nord), est fondée en 1971 par Ahmed Kabersali. Elle est cependant vite éclipsée par deux autres associations concurrentes : le FNRFCI (Front national des rapatriés français de confession islamique), créé par un ancien député d'Alger, Ahmed Djebbour (proche de l'Algérie française et pour la campagne duquel le jeune Jean-Marie Le Pen perdit un œil en 1957), et la CFMRAA (Confédération des Français musulmans rapatriés d'Algérie et leurs amis), dirigée par Mohamed Laradji, très actif dans les mouvements de révolte qui naissent dès 1974. Le nombre d'associations ne cesse, par la suite, d'augmenter : 175 associations sont ainsi créées entre 1971 et 1985, évolution qui, de façon paradoxale, « ne traduit pas la réussite de leur mobilisation mais, au contraire, son émiettement » [Hamoumou, 1993, p. 297]. De ce fait, « les enchères de la classe politique furent à la mesure du poids réel des associations : dérisoires » [Roux, 1991, p. 379].

Sur le long terme, cet émiettement et l'aspect clientéliste de la gestion politique de cette population ont contribué à maintenir de façon durable les harkis dans un statut dérogatoire. C'est ainsi que les « Bureaux d'informations, d'aides et de conseils pour les Français musulmans » (BIAC), créés après les révoltes de l'été 1975 et mis en place dans les zones où ils résident en « forte concentration », sont dissous en 1981 pour être remplacés par des « délégués régionaux » rattachés à une « Délégation nationale à l'action éducative et culturelle », elle-même remplacée en 1984 par l'Office national à l'action sociale, éducative et culturelle (Onasec). Il faut attendre 1987 pour que, à la suite d'un scandale relatif au détournement des aides destinées aux familles de harkis, l'Onasec soit supprimé [Roux, 1991, p. 370-371]. Fin de l'exception très relative dans la mesure où « si le contrôle et la gestion de la population constituée par les anciens supplétifs et leurs familles relèvent désormais des grandes administrations de l'État [...], les fonctionnaires qui dans chaque préfecture s'occupent de ce dossier sont les mêmes qui s'occupent des problèmes attenant aux rapatriés en général » [Roux, 1991, p. 372].

L'émergence de la « deuxième génération »

Les révoltes du milieu des années 1970 mettent aussi au premier plan la « deuxième génération », expression qui « peut légitimement inquiéter. La qualité de harki serait ainsi

L'intégration dans le droit commun

« Annoncée dès 1964, et constamment réaffirmée depuis, la dissolution du dispositif officiel d'accueil et de reclassement a donc mis près de vingt-cinq ans à se réaliser : en 1964, François Missoffe, ministre des Rapatriés, parlait de suppression imminente de son ministère. En 1967, le directeur de la DPM [Direction de la population et des migrations] soulignait la volonté gouvernementale de régler "dans les plus brefs délais" les problèmes des harkis. En conséquence, ajoutait-il, le service est appelé à disparaître rapidement. De même, Michel Poniatowski, alors qu'il était ministre de l'Intérieur, prétendait préparer pour septembre 1975 des mesures conduisant à "l'intégration complète des Français-Musulmans dans la communauté nationale" (*Le Monde*, 21 août 1975). Lui faisant écho, Jacques Dominati proclamait peu après que sa mission "[serait] terminée dans six à huit mois" (réunion des chefs de BIAC, Cannes, 29 septembre 1978).

Après sa nomination en septembre 1981, Raymond Courrière s'était empressé d'annoncer qu'il ne serait ministre des Rapatriés que pour un temps très court (*Le Rappel*, n° 3, novembre 1982, p. 3). Cinq ans plus tard, André Santini entonnait le même refrain : "L'objectif de ce ministère est de disparaître rapidement une fois l'indemnisation réalisée" (*Le Clin d'œil*, n° 29, mai 1986). Quant à Maurice Benassayag, à quinze ans d'écart, il rééditait quasiment mot pour mot le discours entendu dans la bouche de Michel Poniatowski : "L'objectif fondamental de la politique en faveur des rapatriés d'origine nord-africaine est son intégration définitive dans la communauté nationale." Au-delà de ces vertueuses litanies qu'un dépouillement exhaustif de la presse quotidienne aurait probablement permis de répéter presque à l'infini, il n'en reste pas moins qu'à compter de la révolte de 1975, il a fallu encore douze ans et deux rapports de l'IGA pour que disparaissent le dispositif SFIM/SFM/BIAC/Onasec et le secrétariat d'État aux Rapatriés » [Roux, 1991, p. 372].

une caractéristique héréditaire, transmise de génération en génération. Il en serait de même pour "musulman", puisque les enfants deviennent automatiquement membres de la deuxième ou troisième génération de Français musulmans rapatriés. [...] Personnalités ou médias semblent oublier qu'on ne naît pas harki : on le devenait entre 1955 et 1961 » [Hamoumou, 1993, p. 44]. N'est-ce pas, dès lors, « stigmatiser ainsi pendant plusieurs décennies les options du père ? » [Wihtol de Wenden, 1990, p. 7].

La « révolte des jeunes »

Au début de l'été 1975, une révolte éclate dans le camp de Bias, immédiatement suivie par un mouvement similaire dans celui de Saint-Maurice-l'Ardoise, ainsi que dans plusieurs hameaux de forestage. Emmenés par les dirigeants de la CFMRAA, les adolescents occupent les locaux administratifs et demandent la fermeture des camps. À Bias, le mouvement est rapidement arrêté par l'intervention des forces de l'ordre ; à Saint-Maurice, cette solution est écartée par les responsables politiques locaux qui tentent une concertation. À partir du 20 mai et durant tout l'été, les jeunes contrôlent et organisent la vie du camp : armés, ils effectuent des rondes, surveillent les entrées et les sorties, effectuent des collectes, etc. Leurs parents, parfois indifférents, désapprouvent dans l'ensemble cette révolte qu'ils ne comprennent pas et souhaitent que le calme soit rétabli. L'ensemble du personnel a cessé son activité, à l'exception de l'équipe médicale qui continue d'assurer les consultations et les urgences.

La situation devient critique quand, le 19 juin, quatre jeunes prennent en otage le directeur du camp dans les locaux de la mairie du petit village voisin de Saint-Laurent-des-Arbres. Le lendemain soir, le « commandant Langlet » est libéré : les preneurs d'otage obtiennent du préfet la promesse de la fermeture du camp et l'absence de poursuites. Mobilisation massive des forces de l'ordre, négociateurs dépêchés en toute hâte, assauts et coups de feu : cet épisode rocambolesque a suscité une crise beaucoup plus profonde que ce que la mémoire locale a conservé, ces journées étant trente ans plus tard évoquées avec la nostalgie et l'amusement que l'on réserve aux histoires qui se sont bien terminées. La tension augmente encore lors de l'affaire du « petit Borzani ». Parti avec sa mère en vacances en Algérie, ce jeune fils de harki âgé de sept ans est retenu par les autorités algériennes. Le 6 août, à Saint-Laurent-des-Arbres, six jeunes du camp prennent en otage des travailleurs algériens d'une usine voisine et demandent le retour de l'enfant. Au cours du mois d'août, les prises d'otages se multiplient sur l'ensemble du territoire français, des familles de harkis avouant se trouver dans une situation similaire. Le FNRFCI menace même de « tuer quatre Algériens pour un harki retenu en Algérie ».

À Saint-Maurice-l'Ardoise, la situation reste longtemps très confuse. Deux ans après les premiers projets de résorption des camps et des hameaux, plus de deux mois après la prise d'otage, alors même que la décision de fermer camps et hameaux a été prise en Conseil des ministres le 6 août, la vie du camp reprend son cours normal au début du mois de septembre. L'école rouvre, le personnel administratif reprend son service : rien ne semble avoir changé. Le sentiment d'inertie partagé par les résidents, le personnel et les administrations locales (mairies, préfecture, services sociaux) est si fort que personne ne semble vraiment croire que le camp puisse réellement fermer. Sa fermeture ne sera véritablement enclenchée qu'à partir du mois d'octobre, quand les jeunes, loin de s'être apaisés, pilleront et mettront le feu aux bâtiments administratifs [Charbit, 2005a].

Si impropre qu'elle soit, cette expression connaît une fortune sociale certaine après les révoltes de l'été 1975. Les médias s'en emparent et dressent le portrait d'une génération révoltée, aussi violente que désespérée, en quête d'une reconnaissance et d'une estime que les pères se sont résignés à ne plus attendre [Abrial, 2001, p. 52-53]. La violence de la « deuxième génération » est ainsi perçue comme le produit de revendications essentiellement symboliques. L'émergence de ce nouvel acteur est tout aussi manifeste dans le tournant que prennent les recherches en sciences sociales qui, à partir du début des années 1980, s'intéressent principalement aux « conflits identitaires » et aux difficultés propres aux enfants, avant de s'ouvrir au début des années 1990, sous l'effet des mouvements de révolte qui touchent les régions de Narbonne et de Montpellier, à des travaux de science politique qui abordent les questions des mobilisations politiques et du rapport à la politique de cette « deuxième génération » [voir en particulier Abrial, 2001].

L'expression fait, en tout cas, référence à une réalité sociologique tangible. Nés pendant la guerre ou dans les toutes premières années qui suivent le rapatriement, ils ont vécu directement ou dans leurs conséquences immédiates les traumatismes subis par leurs pères durant le conflit, les difficultés de l'exil et les conditions précaires de leur accueil en métropole. Ce sont eux, aussi, qui ont grandi, été socialisés et scolarisés dans le monde clos et isolé des lieux de regroupement qui ont longtemps fonctionné selon des logiques héritées de l'Algérie coloniale, et qui ont découvert à l'âge du collège la société française de l'après-mai 1968. Entrant dans le monde du travail au milieu des années 1970, ils ont ainsi pris de plein fouet les effets de la crise économique, et ce d'autant plus qu'ils cumulaient, pour la plupart, fort retard scolaire et quasi-absence de qualification professionnelle. La situation des enfants des camps de Saint-Maurice-l'Ardoise ou de Bias fut sans aucun doute la plus destructurante. Dans un rapport adressé en février 1973 à la préfecture du Gard sur la situation à la « cité d'accueil de Saint-Maurice-l'Ardoise » qui détaille en particulier les problèmes liés à la présence de très nombreux malades mentaux, Anne Heinis s'interrogeait déjà sur les conséquences de cet environnement sur l'avenir des jeunes : « Si l'on se rappelle, par ailleurs, que dans cette cité la grande majorité des hommes ne travaillent pas et qu'ils vivent d'assistance, que les enfants, compte tenu de l'isolement géographique, n'ont guère d'autre modèle sous les yeux que celui de ces hommes diminués sur tous les plans, amers, aigris, on se demande avec angoisse quelle image ils emporteront de leur enfance et quelle préparation à la vie réelle on leur aura donnée ? » La trajectoire d'un Hacène Arfi, né en 1957 à Alger, témoin de l'agression au couteau de son père en 1962, qui transite avec sa famille par Rivesaltes avant d'être transféré à Saint-Maurice-l'Ardoise où il restera jusqu'à la fermeture à l'automne 1976, est, de ce point de vue, exemplaire : s'il n'est pas en première ligne pendant la révolte de l'été 1975, il sera en revanche à l'origine de plusieurs actions violentes au début des années 1990, destinées à attirer l'attention sur la situation des harkis et les blessures dont, lui comme d'autres, souffrent encore [Muller, 1999, p. 49-58].

C'est cette « génération » qui, depuis, se trouve à la tête des principales associations de harkis, qu'il s'agisse, pour ne citer que quelques exemples, de Fatima Besnaci-Lancou qui dirige l'association « Harkis et droits de l'homme », de Boussad Azni, président du « Comité national de liaison des harkis », ou encore Hacène Arfi, qui a fondé la « Coordination harka », tous nés entre 1954 et 1957. Ce sont eux, aussi, qui sont aujourd'hui à l'origine des principales mobilisations collectives et qui militent pour une reconnaissance de cette histoire qui ne leur a pas, ou peu, été transmise.

Conclusion

Des inégalités de traitement produites par le droit et les pratiques coloniales aux mesures visant à compenser la « dette » que la France avait contractée vis-à-vis des harkis, les dispositifs mis en place par les gouvernements successifs auront longtemps maintenu les harkis dans un statut dérogatoire : ni vraiment intégrés dans le droit commun applicable aux « Français », ni soumis à celui des « Français musulmans d'Algérie » (les Algériens présents sur le sol français) ou à celui des « Français d'Algérie » (les rapatriés pieds-noirs). Sans doute est-ce là une des raisons qui poussent, encore aujourd'hui, à percevoir dans cette population une « communauté » aussi soudée de l'intérieur que coupée de l'extérieur, alors même qu'elle est, au contraire, hétérogène et éclatée. L'éparpillement des associations n'est en effet que l'indice le plus tangible des clivages sociaux, économiques, politiques ou générationnels [Charbit, 2003] qui continuent de diviser cette population qui ne constituait en rien un groupe avant sa réunion et qui, par la suite, n'a aucunement été marquée de façon univoque par l'expérience de la guerre, des massacres, du rapatriement et de l'installation en métropole.

Conclusion

15 novembre 1995 : alors que l'Algérie est plongée dans la guerre civile, le général et candidat à l'élection présidentielle Liamine Zéroual explique dans *El Watan* que « la plupart des criminels et des mercenaires sont des harkis ou des fils de harkis, soutenus et financés par des puissances étrangères et qui ont choisi la destruction de leur pays » [cité *in* Brillet, 2001, p. 50]. 16 juin 2000 : à l'occasion de sa première visite en France, le président Abdelaziz Bouteflika assimile dans une interview télévisée les harkis à des « collabos », pour expliquer que les Algériens ne sont pas encore prêts à les voir revenir. 8 septembre 2005 : lors d'une allocution publique à Oran, à trois semaines du référendum sur la « charte sur la paix et la réconciliation nationale », le même déclare, à propos de la façon dont les gouvernements algériens ont traité la question des harkis après 1962, qu'il s'agit de « l'une des plus graves erreurs commises dans le passé ». Modération de bonne forme, car sur le fond rien n'a vraiment changé : cette politique a « porté préjudice au pays » puisqu'une « bonne partie de la crise [la guerre civile des années 1990] est due à cette erreur ». Cinq jours plus tard, le ministre de l'Agriculture Saïd Barkat ne s'embarrasse guère de ces précautions : « La majorité du peuple algérien est contre la venue des harkis en Algérie car ce sont des traîtres à leur pays et à leur nation. Quant à leurs enfants, ils seront les bienvenus à condition qu'ils reconnaissent *de facto* les crimes de leurs parents », ajoutant que les harkis étaient « des vendus et de vieux gradés de la honte » (*Le Monde*, 16 septembre 2005). La récurrence et la violence de ces discours tranchent avec une situation sociale qui, avec le temps, s'est pacifiée. En 1993, Mohand Hamoumou écrivait déjà que « la plupart des Algériens, encore plus ces dernières années devant l'effondrement du FLN, reconnaissaient, à titre personnel, que la guerre ne fut pas aussi manichéenne que le FLN voudrait le faire croire » et que « le dialogue entre Algériens et anciens supplétifs ou musulmans profrançais a lieu, plus souvent qu'on ne l'imagine » [Hamoumou, 1993, p. 228]. Rien de très étonnant si l'on se souvient que, loin de se diviser en deux camps opposés, l'Algérie en guerre se caractérisa au contraire par un profond morcellement qui traversa des régions entières, des localités et parfois même des familles.

En France, la permanence des discours politiques et institutionnels louant la « fidélité » et le « dévouement » des harkis a eu pour effet paradoxal d'enfermer cette population dans une contradiction insoluble. Sortir de l'image de « traîtres » qu'on leur a accolée implique d'affirmer que leur engagement ne s'est pas fait au nom de la France. Mais soutenir que leur présence en France est en grande partie accidentelle complique singulièrement leur demande d'être reconnus comme des Français « à part entière ». En effet, « récuser cette écriture de l'histoire qui en fait de "fidèles patriotes" de la France n'irait pas sans conséquences graves : leur demande tenace d'être considérés comme Français à part entière apparaît inconséquente. Comment en effet reprocher à la France de les traiter en citoyens de "second ordre" si, par ailleurs, ils affirmaient être venus en France presque par hasard ou par nécessité ? » [Hamoumou, 1990, p. 42]. Plus de quarante ans après la fin de la guerre d'Algérie, les harkis ne semblent toujours pas sortis de ce « carcan idéologique ».

Bien que le manque de recul rende l'analyse délicate, il semble que, depuis le début des années 2000, les demandes de reconnaissance symbolique prennent le pas sur les revendications d'ordre matériel. Le 25 septembre est, depuis 2001, une « Journée d'hommage national aux harkis ». Le 5 décembre 2002, un « Mémorial national de la guerre d'Algérie et des combats en Tunisie et au Maroc » a été inauguré à Paris. Sur l'une des trois colonnes défilent les noms des soldats français et, pour la première fois, des supplétifs morts au combat. La création d'une Mission interministérielle aux rapatriés le 27 mai 2002 puis celle d'un Haut Conseil des rapatriés le 20 décembre s'inscrivent dans ce même processus. La loi du 23 février 2005 reconnaît, quant à elle, « les souffrances éprouvées et les sacrifices endurés par les rapatriés, les anciens membres des formations supplétives et assimilés, les disparus et les victimes civiles et militaires des événements liés au processus d'indépendance de ces anciens départements et territoires, et leur rend, ainsi qu'à leurs familles, solennellement hommage ».

Parallèlement, deux témoignages de deux filles de harkis paraissent, coup sur coup, en 2003 : Fatima Besnaci-Lancou publie *Fille de harki. Le bouleversant témoignage d'une enfant de la guerre d'Algérie*, et Dalila Kerchouche, *Mon père, ce harki*, ce dernier devant faire l'objet d'une adaptation télévisée. Petite évolution, mais sans doute significative : alors que l'histoire des harkis a donné lieu à plusieurs documentaires, elle n'a pas encore réussi à entrer dans le monde de la fiction qui, peut-être mieux que tout autre, révèle l'étendue de notre imaginaire social. L'avènement d'un « docufiction » constitue, en ce sens, une avancée certaine. De façon plus profonde, la levée progressive du voile qui recouvrait cette histoire semble s'accompagner d'une inflexion sensible de la représentation qu'en donnent les médias. De la dénonciation politique d'un scandale historique aux interrogations rituelles et convenues sur la « violence des jeunes », cette image passe, aujourd'hui, par un discours compassionnel affirmant la nécessité d'une repentance collective. À la une d'un numéro spécial de *L'Express* intitulé « Harkis : les oubliés de l'Histoire » (4 au 10 septembre 2003) : une femme âgée, les yeux fermés et le visage tendu, serrant contre sa poitrine une rose blanche. À travers cette imagerie, c'est, évidemment, tout un imaginaire qui est ici mobilisé : un plan resserré, focalisé sur une veuve dont le mari, sans doute, a été assassiné dans les massacres ; la rose du souvenir que l'on serre contre son cœur, le visage congestionné par la douleur qui, pourtant, ne laisse pas couler de larmes (l'honneur et la pudeur traditionnelles des Berbères, le *meff*) ; des vêtements qui évoquent à la fois la France et l'Algérie (pull et gilet « occidentaux », mais bandeau « traditionnel » noué sur la tête) ; la simplicité, enfin, des conditions de vie : pas de signes ostentatoires de richesse et, surtout, le décor, un jardin ombragé, les forts contrastes d'une journée d'été et une maison au crépi clair, floue au second plan, qui évoquent les petits villages du Sud de la France. À l'intérieur de ce numéro, la photo est reprise, titrée : « Respect pour la vie de toutes ces femmes, placées sous le signe de la soumission », et assortie d'une légende « Mme Fatma Allem, Bias : "Je vis seule dans ma maison, avec mon vieux berger allemand. J'ai toujours une machette à portée de main parce que j'ai peur que les hommes du FLN viennent m'égorger. J'ai toujours peur aujourd'hui." »

Repères bibliographiques

ABDELLATIF S. [1981], *Enquête sur la condition familiale des Français musulmans en Picardie*, thèse de troisième cycle, EHESS, Paris.

ABI-SAMRA M. et FINAS F.-J. [1987], *Regroupement et dispersion. Relégation, réseaux et territoires des Français-Musulmans*, rapport pour la Caisse d'allocations familiales, université Lyon-II.

ABRIAL S. [2001], *Les Enfants de harkis : de la révolte à l'intégration*, L'Harmattan, « Histoire et perspectives méditerranéennes », Paris.

AGERON C.-R. [1994], « Le drame des harkis en 1962 », *Vingtième Siècle*, n° 42, avril-juin, p. 3-6.

— [1995], « Les supplétifs algériens dans l'armée française pendant la guerre d'Algérie », *Vingtième Siècle*, n° 48, octobre-décembre, p. 3-20.

— [2000], « Le "drame des harkis". Mémoire ou histoire ? » *Vingtième Siècle*, n° 68, octobre-décembre, p. 3-15.

— [2001], « Une dimension de la guerre d'Algérie : les "regroupements de population" », *in* JAUFFRET J.-C. et VAÏSSE M. (dir.), *Militaires et guérilla dans la guerre d'Algérie*, Complexe, Bruxelles.

ALQUIER J.-Y. [1957], *Nous avons pacifié Tazalt*, Robert Laffont, Paris.

ANDOQUE N. D' [1977], *Guerre et Paix en Algérie, 1955-1962. L'épopée silencieuse des SAS*, Société de production littéraire, Paris.

AZNI B. [2002], *Harkis, crime d'État. Généalogie d'un abandon*, Ramsay, Paris.

BAILLET P. [1976], « Les rapatriés d'Algérie en France », *Notes et études documentaires*, n° 4275-4276, La Documentation française, Paris, mars.

BARROS F. de [2004], *L'État au prisme des municipalités. Une comparaison historique des catégorisations des étrangers en France (1919-1984)*, thèse pour le doctorat de science politique, université Paris-I Panthéon-Sorbonne.

— [2005], « Des "Français musulmans d'Algérie" aux "immigrés". L'importation de classifications coloniales dans les politiques du logement en France », *Actes de la recherche en sciences sociales*, n° 159, p. 26-45.

BARTET S. [1997], *Les Sections administratives spécialisées en Grande Kabylie, 1955-1962. Ambiguïtés et échecs d'une politique de pacification*, mémoire de maîtrise d'histoire, université de Provence.

BERNARDOT M. [2004], « Entre répression policière et prise en charge sanitaire et sociale : le cas du centre d'assignation à résidence du Larzac (1957-1963) », *in Répression, contrôle et encadrement dans le monde colonial au XXe siècle*, Bulletin de l'*IHTP*, n° 83, juin.

BESNACI-LANCOU F. [2003], *Fille de harki. Le bouleversant témoignage d'une enfant de la guerre d'Algérie*, Éditions de l'Atelier, « La vie au cœur », Paris.

BLÉVIS L. [2001] « Les avatars de la citoyenneté en Algérie coloniale ou les paradoxes d'une catégorisation », *Droit et Société*, n° 48, p. 557-580.

BOUAZIZ M. et MAHÉ A. [2004], « La Grande Kabylie durant la guerre d'indépendance algérienne », *in* HARBI M. et STORA B. (dir.), *La Guerre d'Algérie. 1954-2004, la fin de l'amnésie*, Robert Laffont, Paris, p. 227-265.

BOUGUERRA K. A. [1982], *Stratégie internationale et développement à la périphérie. L'intégration des Français musulmans*, thèse de sociologie, université d'Aix-Marseille.

BOULHAS N. [2002], *Des harkis berbères, de l'Aurès au nord de la France*, Presses universitaires du Septentrion, « Histoire et civilisations », Villeneuve-d'Ascq.

BOURDIEU P. [1980], *Le Sens pratique*, Minuit, « Le sens commun », Paris.

BOURDIEU P. et SAYAD A. [1964], *Le Déracinement. La crise de l'agriculture traditionnelle en Algérie*, Minuit, Paris.

BRANCHE R. [2001], *La Torture et l'armée pendant la guerre d'Algérie, 1954-1962*, Gallimard, Paris.

— [2005], *La Guerre d'Algérie. Une histoire apaisée ? L'histoire en débat*, Seuil, « Points Histoire – Inédits », Paris.

BRILLET E. [2001], « Les problématiques contemporaines du pardon au miroir du massacre des harkis », *Cultures et Conflits*, n° 41, printemps, p. 47-73.

CHARBIT T. [2003], « Les Français musulmans rapatriés et leurs enfants », *Migrations études*, n° 117, octobre-novembre.

— [2005a] (avec la coll. de M. KÉBÉ), *Saint-Maurice-l'Ardoise. Sociohistoire d'un camp de harkis (1962-1976)*, ministère de l'Emploi, de la Cohésion sociale et du Logement, Direction de la population et des migrations, Paris, mai.

— [2005b], « Sociographie des familles de Saint-Maurice-l'Ardoise », synthèse partielle de l'enquête réalisée pour la Direction de la population et des migrations, *Migrations études*, n° 128, septembre.

CHAUVIN S. [1995], « Des appelés pas comme les autres. Les conscrits "Français de souche nord-africaine" pendant la guerre d'Algérie », *Vingtième Siècle*, n° 48, octobre-décembre, p. 21-30.

CORNATON M. [1967], *Les Camps de regroupement de la guerre d'Algérie*, Éditions ouvrières, Paris ; nouvelle édition, L'Harmattan, « Histoire et perspectives méditerranéennes », Paris, 1998.

DELAUNAY C. [1982], *Conflit identitaire et délinquance des enfants de musulmans-français*, mémoire de DEA de sociologie, EHESS, Paris.

DEVAUX A. [1976], *Étude comparative de la population d'une école de village composée à mi-partie d'enfants d'origine algérienne. Un aperçu de la vie en France d'anciens harkis et de leurs familles*, thèse de troisième cycle en psychologie, université Paris-V.

FAIVRE M. [1990], « Une histoire douloureuse et controversée », *Hommes et Migrations*, n° 1135, septembre, p. 13-20.

— [1995], *Les Combattants musulmans de la guerre d'Algérie. Des soldats sacrifiés*, L'Harmattan, « Histoire et perspectives méditerranéennes », Paris.

— [1998], « L'Affaire K, comme Kabyle (1956) », *Guerres mondiales et conflits contemporains*, n° 191, p. 37-60.

— [2001], « L'histoire des harkis », *Guerre mondiales et conflits contemporains*, n° 202-203, avril-septembre, p. 55-63.

FERDI S. [1981], *Un enfant dans la guerre*, Seuil, Paris.

FONT-PIQUET C. [1996], « De Nemours à Largentière, une solidarité : le réseau des officiers de la DBFM », *in* JORDI J.-J. et TÉMIME E. (dir.), *Marseille et le choc des décolonisations*, Edisud, Aix-en-Provence.

GAÏTI B. [1998], *De Gaulle prophète de la Ve République, 1946-1962*, Presses de Sciences Po, Paris.

GINESY-GALANO M. [1984], *Les Immigrés hors la cité. Le système d'encadrement dans les foyers (1973-1982)*, L'Harmattan/CIEMI, Paris.

GOFFMAN E. [1968], *Asiles. Études sur la condition sociale des malades mentaux*, Minuit, « Le sens commun », Paris.

HAMOUMOU M. [1986], « L'honneur perdu », *Annales*, p. 771-787.

— [1988], *Rapport final du projet : archives orales de Français musulmans ou les conditions d'une immigration de guerre*, ministère de la Culture, Direction du patrimoine ethnologique, juin.

— [1989], *Les Français-Musulmans rapatriés. Archéologie d'un silence*, thèse pour le doctorat de sociologie, EHESS, Paris.

— [1990], « Les harkis, un trou de mémoire franco-algérien », *Esprit*, *« France-Algérie : les blessures de l'histoire »*, n° 161, mai, p. 25-45.

— [1993], *Et ils sont devenus harkis*, Fayard, Paris.

HAMOUMOU M. et MOUMEN A. [2004], « L'histoire des harkis et

Français musulmans : la fin d'un tabou ? » *in* Harbi M. et Stora B. (dir.), *La Guerre d'Algérie. 1954-2004, la fin de l'amnésie*, Robert Laffont, Paris, p. 317-344.

Harbi M. et Stora B. (dir.) [2004], *La Guerre d'Algérie. 1954-2004, la fin de l'amnésie*, Robert Laffont, Paris.

Hardi M., Lemoine H. et Sarmant T. [2002], *Pouvoir politique et autorité militaire en Algérie française. Hommes, textes, institutions*, Service historique de l'armée de terre (SHAT)/L'Harmattan, Paris.

Heinis A. [1977], *L'Insertion des Français-Musulmans. Étude faite sur les populations regroupées dans le Midi de la France dans les centres d'ex-harkis*, thèse de sciences économiques, université Paul-Valéry, Montpellier.

Jarrigue R. [1983], *Système de communication d'une communauté harkie dans son environnement : vers une identité « harkie »*, thèse de troisième cycle de lettres et sciences humaines, université Bordeaux-III.

Jauffret J.-C. [2004], « Le mouvement des rappelés en 1955-1956 », *in* Harbi M. et Stora B. (dir.), *La Guerre d'Algérie. 1954-2004, la fin de l'amnésie*, Robert Laffont, Paris, p. 133-160.

Jordi J.-J. et Hamoumou M. [1999], *Les Harkis, une mémoire enfouie*, Autrement, « Monde. Français d'ailleurs, peuple d'ici », Paris, n° 112, février.

Kateb K. [2001], *Européens, « indigènes » et juifs en Algérie (1830-1962). Représentations et réalités des populations*, INED/PUF, « Travaux et documents », Paris, n° 145.

Kerchouche D. [2003], *Mon père, ce harki*, Seuil, Paris.

Lacoste R. [1968], *Notre révolte*, Presses de la Cité, Paris.

Lacoste-Dujardin C. [1997], *Opération « Oiseau bleu ». Des Kabyles, des ethnologues et la guerre d'Algérie*, La Découverte, « Textes à l'appui/Série Anthropologie », Paris.

Lefeuvre D. [2004a], « Les pieds-noirs », *in* Harbi M. et Stora B. (dir.), *La Guerre d'Algérie. 1954-2004, la fin de l'amnésie*, Robert Laffont, Paris, p. 267-286.

— [2004b], « Les trois replis de l'Algérie française », *in* Jauffret J.-C., *Des hommes et des femmes en guerre d'Algérie*, Autrement, Paris, p. 56-72.

Lesne M. [1962], « Une expérience de déplacement de population. Les centres de regroupement en Algérie », *Annales de géographie*, n° 558, p. 567-603.

Manceron G. et Remaoun H. [1993], *D'une rive à l'autre. La guerre d'Algérie de la mémoire à l'histoire*, Syros, Paris.

Marie J. (pseudonyme) [1959], « Une expérience de réforme municipale en Grande Kabylie. Difficultés rencontrées par un chef de SAS. Réalisation d'un sacrifice dit "de soumission", imposé à la population pour obtenir son ralliement, avec la collaboration d'un ethnologue », *L'Afrique et l'Asie*, Paris, n° 47, troisième trimestre, p. 48-52.

MATHIAS G. [1998], *Les Sections administratives spécialisées en Algérie. Entre idéal et réalité (1955-1962)*, IHCC/L'Harmattan, « Histoire et perspectives méditerranéennes », Paris.

MATHIEU A. [2001], « Les effectifs de l'armée française en Algérie (1954-1962) », *in* JAUFFRET J.-C. et VAÏSSE M. (dir.), *Militaires et guérilla dans la guerre d'Algérie*, Complexe, Bruxelles.

MÉLIANI A.-E.-A. [2001], *Le Drame des harkis*, Perrin, Paris.

MEYNIER G. [2002], *Histoire intérieure du FLN (1954-1962)*, Fayard, Paris.

MOUMEN A. [2003], *Les Français musulmans en Vaucluse (1962-1991). Installation et difficultés d'intégration d'une communauté de rapatriés d'Algérie*, L'Harmattan, « Histoire et perspectives méditerranéennes », Paris.

MULLER L. [1999], *Le Silence des harkis*, L'Harmattan, « Histoire et perspectives méditerranéennes », Paris.

OMOURI N. [1997], *L'Institutionnalisation d'une nouvelle anthropologie coloniale. Le Centre de hautes études administratives sur l'Afrique et l'Asie modernes (CHEAM), 1937-1962*, mémoire de DEA de l'ENS/EHESS, Paris.

— [2001], « Les sections administratives spécialisées et les sciences sociales. Études et actions sociales de terrain des officiers de SAS et des personnels des Affaires algériennes », *in* JAUFFRET J.-C. et VAÏSSE M. (dir.), *Militaires et guérilla dans la guerre d'Algérie*, Complexe, Bruxelles, p. 383-397.

PÉJU P. [1961], *Les Harkis à Paris*, Maspero, Paris ; nouvelle édition La Découverte, « Poche/Essais », Paris, 2000.

PERVILLÉ G. [1978], « Guerre étrangère et guerre civile en Algérie, 1954-1962 », *Relations internationales*, n° 14, été, p. 171-196.

— [1987], « Guerre d'Algérie : l'abandon des harkis », *L'Histoire*, n° 102.

— [1991], « La France a sacrifié ses soldats musulmans », *L'Histoire*, n° 140, janvier.

— [1997], « L'histoire de l'Algérie et mythes politiques algériens : du "parti de la France" aux "anciens et nouveaux harkis" », *in* AGERON C.-R. (dir.), *La Guerre d'Algérie et les Algériens (1954-1962)*, Armand Colin/Masson, Paris.

— [1999], « La tragédie des harkis : qui est responsable ? » *L'Histoire*, n° 231, avril.

— [2003], *Atlas de la guerre d'Algérie. De la conquête à l'indépendance*, Autrement, « Atlas/Mémoires », Paris.

— [2004], « La guerre d'Algérie : combien de morts ? » *in* HARBI M. et STORA B. (dir.), *La Guerre d'Algérie. 1954-2004, la fin de l'amnésie*, Robert Laffont, Paris, p. 477-498.

POUILLON F. et RIVET D. (dir.) [2000], *La Sociologie musulmane de Robert Montagne*, Maisonneuve et Larose, Paris.

Recham B. [1996], *Les Musulmans algériens dans l'armée française (1919-1945)*, L'Harmattan, « Histoire et perspectives méditerranéennes », Paris.

Roux M. [1990], « Le poids de l'histoire », *Hommes et Migrations*, n° 1135, septembre, p. 21-27.

— [1991], *Les Harkis ou les oubliés de l'histoire, 1954-1991*, La Découverte, « Textes à l'appui/ Série Histoire contemporaine », Paris.

— [1992], « À propos des événements de l'été 1991 : le "casse-tête" harki », *Migrations société* (CIEMI), vol. 4, n° 20, p. 17-27.

Ruty L. [1994], *Chronique d'une honte partagée. La tragédie harkie*, Cabédita, « Archives vivantes », Yens-sur-Morges (Suisse).

Saada E. [2003], « Citoyens et sujets de l'empire français. Les usages du droit en situation coloniale », *Genèses*, n° 53, décembre, p. 4-24.

Sayad A. [1999], *La Double Absence : des illusions de l'émigré aux souffrances de l'immigré*, Seuil, « Liber », Paris.

Servier J. [1955], *Dans l'Aurès sur le pas des rebelles*, France Empire, Paris.

— (dir.) [1972], *Enquête sur les musulmans français (premier rapport)*.

Spire A. [2003], « Semblables et pourtant différents. La citoyenneté paradoxale des Français musulmans d'Algérie en métropole », *Genèses*, n° 53, décembre, p. 48-68.

— [2005], *Étrangers à la carte. L'administration de l'immigration en France (1945-1975)*, Grasset, Paris.

Stora B. [1993], « Harkis, les sacrifiés de l'histoire », *Globe Hebdo*, n° 16, 26 mai-1er juin.

Thénault S. [1997], « Assignation à résidence et justice », *Le Genre humain*, n° 32, été-automne, p. 105-115.

— [2005], *Histoire de la guerre d'indépendance algérienne*, Flammarion, Paris.

Vernay D. [1976], *Un regroupement de Français musulmans. L'atelier de tissage de Lodève*, mémoire de diplôme de l'EHESS, Paris.

Viet V. [1998], *La France immigrée. Construction d'une politique 1914-1997*, Fayard, Paris.

Villatoux P. et Dubreil-Villatoux M.-C. [2002], *La Guerre et l'action psychologique en France (1945-1960)*, thèse d'histoire, université Paris-I.

Vincent G. [1988], *Képi bleu*, Jeune Pied-Noir, Montigny-le-Bretonneux.

Wihtol de Wenden C. [1990], « Qui sont les harkis ? Difficulté à les nommer et les identifier », *Hommes et Migrations*, n° 1135, septembre, p. 7-12.

Table des matières

Collection

R E P È R E S

dirigée par

JEAN-PAUL PIRIOU (de 1987 à 2004), *puis par* PASCAL COMBEMALE,

avec STÉPHANE BEAUD, ANDRÉ CARTAPANIS, BERNARD COLASSE, FRANÇOISE DREYFUS, HERVÉ HAMON, YANNICK L'HORTY, PHILIPPE LORINO, DOMINIQUE MERLLIÉ, CHRISTOPHE PROCHASSON et MICHEL RAINELLI.

ÉCONOMIE

Allocation universelle (L'), n° 412, Philippe Van Parijs et Yannick Vanderboght.

Balance des paiements (La), n° 359, Marc Raffinot et Baptiste Venet.

Bourse (La), n° 317, Daniel Goyeau et Amine Tarazi.

Budget de l'État (Le), n° 33, Maurice Baslé.

Calcul économique (Le), n° 89, Bernard Walliser.

Capitalisme financier (Le), n° 356, Laurent Batsch.

Capitalisme historique (Le), n° 29, Immanuel Wallerstein.

Chômage (Le), n° 22, Jacques Freyssinet.

Commerce international (Le), n° 65, Michel Rainelli.

Comptabilité nationale (La), n° 57, Jean-Paul Piriou.

Concurrence imparfaite (La), n° 146, Jean Gabszewicz.

Consommation des Français (La) :
1. n° 279 ;
2. n° 280, Nicolas Herpin et Daniel Verger.

Coût du travail et emploi, n° 241, Jérôme Gautié.

Croissance et richesse des nations, n° 419, Pascal Petit.

Démographie (La), n° 105, Jacques Vallin.

Développement soutenable (Le), n° 425, Franck-Dominique Vivien.

Développement économique de l'Asie orientale (Le), n° 172, Éric Bouteiller et Michel Fouquin.

Économie des changements climatiques, n° 414, Sylvie Faucheux et Haitham Joumni.

Économie bancaire, n° 268, Laurence Scialom.

Économie britannique depuis 1945 (L'), n° 111, Véronique Riches.

Économie chinoise (L'), n° 378, Françoise Lemoine.

Économie de l'Afrique (L'), n° 117, Philippe Hugon.

Économie de l'éducation, n° 409, Marc Gurgand.

Économie de l'environnement, n° 252, Pierre Bontems et Gilles Rotillon.

Économie de l'euro, n° 336, Agnès Benassy-Quéré et Benoît Cœuré.

Économie française 2006 (L'), n° 427, OFCE.

Économie de l'innovation, n° 259, Dominique Guellec.

Économie de la connaissance (L'), n° 302, Dominique Foray.

Économie de la culture (L'), n° 192, Françoise Benhamou.

Économie de la distribution, n° 372, Marie-Laure Allain et Claire Chambolle.

Économie de la drogue, n° 213, Pierre Kopp.

Économie de la firme, n° 361, Bernard Baudry.

Économie de la propriété intellectuelle, n° 375, François Lévêque et Yann Ménière.

Économie de la qualité, n° 390, Bénédicte Coestier et Stéphan Marette.

Économie de la réglementation (L'), n° 238, François Lévêque.

Économie de la RFA (L'), n° 77, Magali Demotes-Mainard.

Économie de la Russie (L'), n° 436, François Benaroya.

Économie de l'Inde (L'), n° 443, Jean-Joseph Boillot.

Économie des États-Unis (L'), n° 341, Hélène Baudchon et Monique Fouet.

Économie des fusions et acquisitions, n° 362, Nathalie Coutinet et Dominique Sagot-Duvauroux.

Économie des inégalités (L'), n° 216, Thomas Piketty.

Économie des logiciels, n° 381, François Horn.

Économie des organisations (L'), n° 86, Claude Menard.

Économie des relations interentreprises (L'), n° 165, Bernard Baudry.

Économie des réseaux, n° 293, Nicolas Curien.

Économie des ressources humaines, n° 271, François Stankiewicz.

Économie des ressources naturelles, n° 406, Gilles Rotillon.

Économie du droit, n° 261, Thierry Kirat.

Économie du Japon (L'), n° 235, Évelyne Dourille-Feer.

Économie du risque pays, n° 421, Nicolas Meunier et Tania Sollogoub.

Économie du sport (L'), n° 309, Jean-François Bourg et Jean-Jacques Gouguet.

Économie et écologie, n° 158, Franck-Dominique Vivien.

Économie expérimentale (L'), n° 423, Nicolas Eber et Marc Willinger.

Économie informelle dans le tiers monde, n° 155, Bruno Lautier.

Économie marxiste du capitalisme, n° 349, Gérard Duménil et Dominique Lévy.

Économie mondiale 2006 (L'), n° 426, CEPII.

Économie politique de l'entreprise, n° 392, François Eymard-Duvernay.

Économie postkeynésienne, n° 384, Marc Lavoie.

SOCIOLOGIE

Théories sociologiques de la famille (Les), n° 236, Catherine Cicchelli-Pugeault et Vincenzo Cicchelli.

Travail et emploi des femmes, n° 287, Margaret Maruani.

Travailleurs sociaux (Les), n° 23, Jacques Ion et Bertrand Ravon.

Urbanisme (L'), n° 96, Jean-François Tribillon.

Violences contre les femmes (Les), n° 424, Maryse Jaspard.

SCIENCES POLITIQUES-DROIT

Aménagement du territoire (L'), n° 176, Nicole de Montricher.

Collectivités locales (Les), n° 242, Jacques Hardy.

Constitutions françaises (Les), n° 184, Olivier Le Cour Grandmaison.

Construction européenne (La), n° 326, Guillaume Courty et Guillaume Devin.

Décentralisation (La), n° 44, Xavier Greffe.

DOM-TOM (Les), n° 151, Gérard Belorgey et Geneviève Bertrand.

Droits de l'homme (Les), n° 333, Danièle Lochak.

Droit du travail (Le), n° 230, Michèle Bonnechère.

Droit international humanitaire (Le), n° 196, Patricia Buirette.

Droit pénal, n° 225, Cécile Barberger.

Économie politique internationale, n° 367, Christian Chavagneux.

Évaluation des politiques publiques (L'), n° 329, Bernard Perret.

Fonction publique (La), n° 189, Luc Rouban.

Gouvernance de la mondialisation (La), n° 403, Jean-Christophe Graz.

Histoire de l'administration, n° 177, Yves Thomas.

Histoire des idées politiques en France au XIXᵉ siècle, n° 243, Jérôme Grondeux.

Histoire des idées socialistes, n° 223, Noëlline Castagnez.

Histoire du Parti communiste français, n° 269, Yves Santamaria.

Introduction à la philosophie politique, n° 197, Christian Ruby.

Introduction au droit, n° 156, Michèle Bonnechère.

Islam (L'), n° 82, Anne-Marie Delcambre.

Justice en France (La), n° 116, Dominique Vernier.

Nouvelle Constitution européenne (La), n° 380, Jacques Ziller.

ONG (Les), n° 386, Philippe Ryfman.

ONU (L'), n° 145, Maurice Bertrand.

Philosophie de Marx (La), n° 124, Étienne Balibar.

Politique de la famille (La), n° 352, Jacques Commaille, Pierre Strobel et Michel Villac.

Postcommunisme en Europe (Le), n° 266, François Bafoil.

Régime politique de la Vᵉ République (Le), n° 253, Bastien François.

Régimes politiques (Les), n° 244, Arlette Heymann-Doat.

Sociologie historique du politique, n° 209, Yves Déloye.

Sociologie des relations internationales, n° 335, Guillaume Devin.

Sociologie de la vie politique française, n° 402, Michel Offerlé.

Sociologie du phénomène Le Pen, n° 428, Jacques Le Bohec.

Syndicalisme en France depuis 1945 (Le), n° 143, René Mouriaux.

Théories de la république (Les), n° 399, Serge Audier.

Union européenne (L'), n° 170, Jacques Léonard et Christian Hen.

HISTOIRE

Affaire Dreyfus (L'), n° 141, Vincent Duclert.

Archives (Les), n° 324, Sophie Cœuré et Vincent Duclert.

Catholiques en France depuis 1815 (Les), n° 219, Denis Pelletier.

Chronologie de la France au XXᵉ siècle, n° 286, Catherine Fhima.

État et les cultes (L'). *1789-1905*, 2005, n° 434, Jacqueline Lalouette.

Franc-maçonneries (Les), n° 397, Sébastien Galceran.

Front populaire (Le), n° 342, Frédéric Monier.

Guerre froide (La), n° 351, Stanislas Jeannesson.

Harkis (Les), n° 442, Tom Charbit.

Histoire de l'Algérie coloniale, 1830-1954, n° 102, Benjamin Stora.

Histoire de l'Algérie depuis l'indépendance, 1. 1962-1988, n° 316, Benjamin Stora.

Histoire de l'immigration, n° 327, Marie-Claude Blanc-Chaléard.

Histoire de l'URSS, n° 150, Sabine Dullin.

Histoire de la guerre d'Algérie, 1954-1962, n° 115, Benjamin Stora.

Histoire de la Turquie contemporaine, n° 387, Hamit Bozarslan.

Histoire des États-Unis depuis 1945 (L'), n° 104, Jacques Portes.

Histoire du Maroc depuis l'indépendance, n° 346, Pierre Vermeren.

Histoire du parti socialiste, n° 222, Jacques Kergoat.

Histoire du radicalisme, n° 139, Gérard Baal.

Histoire en France (L'), n° 84, Collectif.

Histoire politique de la IIIᵉ République, n° 272, Gilles Candar.

Histoire politique de la IVᵉ République, n° 299, Éric Duhamel.

Introduction à la socio-histoire, n° 437, Gérard Noiriel.

Introduction à l'histoire de la France au XXᵉ siècle, n° 285, Christophe Prochasson.

Judaïsme (Le), n° 203, Régine Azria.

Pierre Mendès France, nº 157, Jean-Louis Rizzo.

Politique étrangère de la France depuis 1945 (La), nº 217, Frédéric Bozo.

Protestants en France depuis 1789 (Les), nº 273, Rémi Fabre.

Question nationale au XIXe siècle (La), nº 214, Patrick Cabanel.

Régime de Vichy (Le), nº 206, Marc Olivier Baruch.

Santé au travail (La), nº 438, S. Buzzi, J.-C. Devinck et P.-A. Rosental.

GESTION

Analyse financière de l'entreprise (L'), nº 153, Bernard Colasse.

Audit (L'), nº 383, Stéphanie Thiéry-Dubuisson.

Calcul des coûts dans les organisations (Le), nº 181, Pierre Mévellec.

Comptabilité anglo-saxonne (La), nº 201, Peter Walton.

Comptabilité en perspective (La), nº 119, Michel Capron.

Contrôle budgétaire (Le), nº 340, Nicolas Berland.

Contrôle de gestion (Le), nº 227, Alain Burlaud et Claude J. Simon.

Éthique dans les entreprises (L'), nº 263, Samuel Mercier.

Gestion des ressources humaines (La), nº 415, Anne Dietrich et Frédérique Pigeyre.

Gouvernance de l'entreprise (La), nº 358, Roland Perez.

Introduction à la comptabilité d'entreprise, nº 191, Michel Capron et Michèle Lacombe-Saboly.

Management de la qualité (Le), nº 315, Michel Weill.

Management de projet (Le), nº 377, Gilles Garel.

Management international (Le), nº 237, Isabelle Huault.

Outils de la décision stratégique (Les) :
1 : Avant 1980, nº 162,
2 : Depuis 1980, nº 163,
José Allouche et Géraldine Schmidt.

Méthodologie de l'investissement dans l'entreprise, nº 123, Daniel Fixari.

Modèle japonais de gestion (Le), nº 121, Annick Bourguignon.

Politique financière de l'entreprise (La), nº 183, Christian Pierrat.

Sociologie du conseil en management, nº 368, Michel Villette.

Stratégies des ressources humaines (Les), nº 137, Bernard Gazier.

Théorie de la décision (La), nº 120, Robert Kast.

Toyotisme (Le), nº 254, Koïchi Shimizu.

CULTURE-COMMUNICATION

Argumentation dans la communication (L'), nº 204, Philippe Breton.

Bibliothèques (Les), nº 247, Anne-Marie Bertrand.

Culture de masse en France (La) :
1. 1860-1930, nº 323, Dominique Kalifa.

Diversité culturelle et mondialisation, nº 411, Armand Mattelart.

Économie de la presse, nº 283, Patrick Lefloch et Nathalie Sonnac.

Histoire sociale du cinéma français, nº 305, Yann Darré.

Histoire de la société de l'information, nº 312, Armand Mattelart.

Histoire des théories de l'argumentation, nº 292, Philippe Breton et Gilles Gauthier.

Histoire des théories de la communication, nº 174, Armand et Michèle Mattelart.

Histoire de la philosophie, nº 95, Christian Ruby.

Industrie des médias (L'), nº 439, Jean Gabszewicz et Nathalie Sonnac.

Introduction aux sciences de la communication, nº 245, Daniel Bougnoux.

Introduction aux *Cultural Studies*, nº 363, Armand Mattelart et Érik Neveu.

Médias en France (Les), nº 374, Jean-Marie Charon.

Mondialisation de la culture (La), nº 260, Jean-Pierre Warnier.

Musée et muséologie, nº 433, Dominique Poulot.

Presse des jeunes (La), nº 334, Jean-Marie Charon.

Presse magazine (La), nº 264, Jean-Marie Charon.

Presse quotidienne (La), nº 188, Jean-Marie Charon.

Programmes audiovisuels (Les), nº 420, Benoît Danard et Remy Le Champion.

Psychanalyse (La), nº 168, Catherine Desprats-Péquignot.

Révolution numérique et industries culturelles, nº 408, Alain Le Diberder et Philippe Chantepie.

Sociologie du journalisme, nº 313, Erik Neveu.

Télévision (La), nº 405, Régine Chaniac et Jean-Pierre Jézéquel.

Tests d'intelligence (Les), nº 229, Michel Huteau et Jacques Lautrey.

Classiques

R E P È R E S

Choisir son conjoint. *Textes essentiels pour la sociologie de la famille*, Michel Bozon et François Héron.

Un sociologue à l'usine, Donal Roy.

Dictionnaires

R E P È R E S

Dictionnaire de gestion, Élie Cohen.

Dictionnaire d'analyse économique, *microéconomie, macroéconomie, théorie des jeux, etc.*, Bernard Guerrien.

Guides

R E P È R E S

L'art de la thèse. *Comment préparer et rédiger un mémoire de master, une thèse de doctorat ou tout autre travail universitaire à l'ère du Net*, Michel Beaud.

Comment se fait l'histoire. *Pratiques et enjeux*, François Cadiou, Clarisse Coulomb, Anne Lemonde et Yves Santamaria.

La comparaison dans les sciences sociales. *Pratiques et méthodes*, Cécile Vigour.

Les ficelles du métier. *Comment conduire sa recherche en sciences sociales*, Howard S. Becker.

Guide de l'enquête de terrain, Stéphane Beaud et Florence Weber.

Guide des méthodes de l'archéologie, Jean-Paul Demoule, François Giligny, Anne Lehoërff et Alain Schnapp.

Guide du stage en entreprise, Michel Villette.

Manuel de journalisme. *Écrire pour le journal*, Yves Agnès.

Voir, comprendre, analyser les images, Laurent Gervereau.

Manuels

R E P È R E S

L'analyse des systèmes-monde, une introduction, Immanuel Wallerstein.

Analyse macroéconomique 1.

Analyse macroéconomique 2. 17 auteurs sous la direction de Jean-Olivier Hairault.

L'explosion de la communication. *Introduction aux théories et aux pratiques de la communication*, Philippe Breton et Serge Proulx.

Une histoire de la comptabilité nationale, André Vanoli.

Histoire de la psychologie en France. XIXe-XXe siècle, J. Carroy, A. Ohayon et R. Plas.

La mondialisation de l'économie. *Genèse et problèmes*, Jacques Adda.

Composition Facompo, Lisieux (Calvados)
Achevé d'imprimer en février 2006 sur les presses de l'imprimerie
Europe Media Duplication à Lassay-les-Châteaux (Mayenne)
Dépôt légal : mars 2006
N° de dossier :14952

Imprimé en France